ヨッピー

パパもママも必読！

育児ハック

子育てがラクになるノウハウを集めた

CHILDCARE HACKS

JN239917

KADOKAWA

はじめに

この本を読んで頂きたいのは「これから親になろうとしている人」及び「子どもが生まれて間もない人」です。ただし、既に子どもが生まれていて、「育児に追われて大変で大変で大変で心が折れそう」みたいな人にも是非読んで欲しいなと思っています。

この本に書いてある事を実践する事で、下記のような効果を得られるからです。いや本当に。別に変な壺を売りつけるつもりはありません。でもマジで本当なんです。

僕は30歳まではサラリーマン、その後会社を辞め

自分の時間が
持てるようになる

子どもと笑顔で
向き合えるようになる

てライターの仕事をするようになり、取材だのなんだので日本全国を飛び回る日々を送っていたのですが、妻の妊娠が判明した時は嬉しい反面、恐怖に恐れおののきました。

「こんなズボラな僕が、父親をやれるのか？」

「子どもが生まれたら育児に追われまくって鬱病になるのでは？」

「ワシの自由が、無くなる！」

というもろもろの問題に対する恐れです。

リアルな僕やインターネットでの僕を知っている人なら「あいつは育児に向いてなさそう」って思うだろうし、「ヨッピーがせっせと育児してるらしい」という話を聞くとけっこう意外に思うんじゃないかと思います。恐らく僕に対するイメージは「適当」とか「雑」とかそんな感じの人が大半でしょう。

キャリアを諦めずに済む

お金に余裕が出来る

自分や家族が幸せになれる

そして悲しいことにその「適当」「雑」という僕のイメージは完全無欠の事実なのである。

僕の妻や、妻のお母さんに「ヨッピーさんがあんなにちゃんと育児するとは思わなかった」と言われるくらいのレベルです。ふたりにもやっぱり「雑」とか「適当」とかそんな感じのイメージで見られていたのでしょう。でも、そんな僕が現在、それなりに育児をこなせているのは前述の通り「育児」というものに対してビビりまくり、周到に準備を進めたおかげなのです。

昨今のインターネットでは「育児は大変」「病む」などなど、育児にまつわるネガティブな情報がたくさん流れてきます。そうした風潮もありますし、ズボラな性格を自認している僕自身が「俺は育児に向いている！」とは到底思えなかったため、「育児」に対する恐怖心にとりつかれ、出産前から「準備万端で挑むぞ！」とたくさんの育児本を読みました。

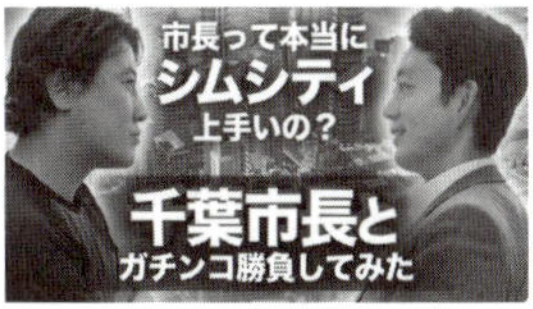

当時千葉市長、現千葉県知事とシムシティで対決した記事

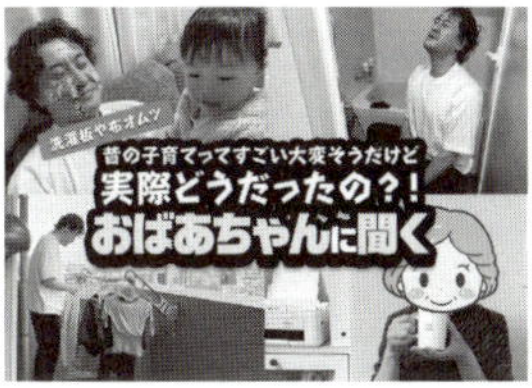

「便利なものに頼らない昔の家事はどれくらい時間がかかるのか」を実験した記事

そこには「新生児期（生まれて1か月未満）は3時間毎に授乳しましょう」みたいな記述があります。夜間も含め、3時間毎に授乳するとなると当然親は睡眠不足になりますよね。「じゃあ親はいつ寝れば良いんだろう？」なんて思いながらページをめくっても「その場合はこんな感じで工夫し、睡眠時間を確保しましょう」みたいな事は何も書いていないのです。

つまり、世にある育児本には「**赤ちゃんにとって何が必要なのか**」はたくさん書かれているのに、「**赤ちゃんに必要なものを用意するために親はどう工夫すべきか**」みたいな部分はほとんど書かれていません。

書いてあるのは授乳やミルクは何時間に1回で、1回あたり何cc、オムツはこれぐらいのタイミングで交換して室内の温度と湿度はこれぐらい。うつぶせ寝は乳幼児突然死症候群のリスクが上がるので必ず仰向けで寝ているか確認を……、などなど。

もちろんそれは全て大事な事だし必要な事なのですが、「**じゃあそれを、どう**

やってこなせば効率が良いのか」という部分が抜け落ちている気がします。

そのせいで、「やらなくて良い労力」を育児にかけてしまっている家庭は相当あるのではないかと思っています。仕方がないので自分なりに試行錯誤して頑張ってみたのですが、むしろここで「ズボラ」という僕の性格や、**とにかく面倒臭い事が嫌いで、仕事でもなんでも、何かにつけて効率を重視する考え方をしてきた事が育児にも活きたのです。**

この本をカテゴライズするとすれば「育児本」になるのでしょうが、他の育児本と違うのは、大多数の育児本が「**赤ちゃん**」にフォーカスを当てて書いているのに対して、この育児本は「**子どもを育てる親**」にフォーカスを当てて書いている事です。

自分で言うのも恐縮ですが、この本に書かれている内容を取り入れて実行に移せば、育児にまつわる「つらさ」がかなり、それも劇的に改善されるだろうと思っています。これによって「育児＝つらいもの」みたいな昨今の風潮に、少しでも逆らう事が出来れば幸いです。

「育児、楽しいじゃん」と思える人が少しでも増える事を願って。

こうならないためにも

INDEX

CHILDCARE
HACKS

CHAPTER 1

生まれる前に取り組むべきこと

CHILDCARE HACKS

01

育児に対する考え方をインストールする

HACK

山登りと育児

子どもが保育園に行くようになり、一段落ついたな、ぐらいのタイミングで振り返って「登山と育児は似てるな」と思いました。「山を舐めるな」の言葉に象徴されるように、ある程度難度の高い山に登るには周到な準備が必要とされます。

逆に言えば準備が整っていない状態で登山を開始しても、寒いわ雨は降って来るわお腹は空くわで「綺麗な景色!」とか「達成感!」とか言っている場合じゃなくなるのは容易に想像出来るかと思います。

僕は一度、知人に連れられて長野県の山に登ったことがあるのですが、その時に同行していたのがインターネットでメシを食ってるオタク寄りの人間、つまりはモヤシっ子ばかりだった上、ろくすっぽ説明も受けず、適当な装備で登ったので寒いわ泥だらけになるわで行きも帰りも全員ほぼ無言でした。

この眺めを見よ！

帰りの頃には完全に日が暮れていて、下山したのちに全員が口を揃えて「**山にわざわざ登るやつは全員バカ**」という結論を出していました。なんならその山に僕らを連れて行った人はその後全員から詰められたレベルです。

寒さと餓えでブルブル震えている時に「見て見て！ライチョウが飛んでる！」とか言われたら「そんなこと言ってる場合か！」ってブチ切れると思う。

その一方、仕事で山岳ガイドの人を雇い、入念な準備と装備を揃えて登った長野の唐松岳《からまつだけ》は本当に素晴らしいものでした。

つまり入念な準備に防寒具や雨具、じゅうぶんな食糧が揃っていない限り、登山を楽しいものと捉える事は出来ないのです。そして、**山に登る事は確かに大変ですが、山に登らないと見られないような景色や、得られない達成感があることは間違いありません。**

子育ても登山と同じで、準備をせずにその場のノリで突入すると、泣き声に追われ睡眠不足に追われ家事に追われ「子ども、可愛い！」とか「育児、楽しい！」なんて思う余裕が無くなってしまうでしょう。余裕の無い状態で子どもに接する事が、果たして子どもの幸せに繋がるでしょうか。

登山を楽しむためにこそ準備が必要なのと同じく、子育てを楽しもうと思ったら、やっぱり準備が必要です。

親が楽しそうに日々の生活を送る事が、子どもの人格形成にとってはものすごく大事で、そして山に登らないと見られない景色があるのと同じく、育児にもまた子どもを育てないと見られない景色に達成感、そして喜びがあります。

だからこそ、まずは子どもが生まれる前から、ちゃんと準備をして育児に挑みましょう。ここからは出産前からやっておくべき事について解説します。

HACK

なぜ「生まれる前から」なのか

これから書く事は基本的に全て「生まれる前から」着手してください。「生まれてから考えれば良いか〜」ではちょっと遅いです。何故なら子どもが生まれてしまうと、かなり行動に制限がかかるからです。

「ヤマダデンキに行って冷蔵庫を吟味し、良さそうなものを買って帰る」くらいの行動すら困難になるケースもあります。

例えば出産直後、母親は体に大ダメージを負っているのでそんなにすぐ元気に歩けるようにはなりません。その上、はじめて赤ちゃんをお迎えするとなると毎日が試行錯誤の連続になって余裕がまったく無くなります。

更に更に、生まれたての赤ちゃん、つまり新生児は免疫もまだまだ弱いため、なるべく外に連れ出さないようにする事が推奨されています。そんな中、赤ちゃんを誰かに預け、夫婦揃ってヤマダデンキに行って洗濯機を吟味出来るかというと、なかなか難しい事であるのは理解出来るかと思います。

そんな風に毎日毎日何かに追われてしまうと、全部が後手後手になってしまうので先手先手を取っていきましょう。実際、僕はそのようにしました。

とにかく
準備が大事!

CHILDCARE HACKS

02

家事を極限まで圧縮する

例として、よくある共働き・育児中のお母さん（お父さん）の1日を見てみましょう。

■1日のスケジュール

6:30	起床。朝食の準備、洗濯をして干す、お弁当を作る、自分の朝食を手早く済ませる
7:30	子どもと父親を起こして朝食を食べさせる 父親が子どもの着替えと歯磨き、自分は出勤の準備 父親が子どもを保育園に送る、自分は朝食の片づけを済ませて出勤
9:00 ～ 17:00	仕事
18:00	子どものお迎え、帰り道にスーパーで買い物
18:30	夕飯の支度
19:00	子どもと夕飯。終わったら夕飯の片づけと洗濯物の取り込み
20:00	父親帰宅。父親は晩酌しながら夕飯
21:00	父親が子どもと入浴。お風呂上がりの子どもを受け取ってパジャマに着替えと歯磨き
21:30	寝かしつけ
22:00	自分が入浴。晩酌の片づけと明日のお弁当の準備、洗濯機をまわす
23:00	一息ついて自分の時間
24:00	就寝

どうでしょう。誇張しているわけではなく、こういうルーチンのお母さん（お父さん）は実際にたくさんいると思います。父親と母親を入れ替えて読んでも構いません。

これ、どう見ても「**大変だな～**」と感じるのではないでしょうか。こういう一日を過ごしていたら「育児、大変！」ってなるのは当然だと思うのですが、実はこういうスケジュールは別に「育児が大変！」**ではない**のです。どういう事か解説します。

例えばこの1日のスケジュールのうち、純然たる「育児」とされるものって、「ご飯を食べさせる」「着替えの手伝い」「歯磨きの手伝い」「送り迎え」「寝かしつけ」とかそのくらいです。時間にすれば2時間もあれば収まるのではないでしょうか。

その他の洗濯や料理、買い物などは「育児」というよりは本来、「家事」にカテゴライズされるべきものです。今、「育児、大変！」と思ってぐったりしている人も、お手伝いさんを雇ってこういった家事を丸投げし、自分は本当の意味での育児に専念していて良いのであれば「育児、楽勝！」に変わるはずです。

つまり、**育児は家事や仕事と同時進行でこなす必要があるから大変なわけで、育児そのものが大変なわけでは決してありません。**

下記の図で、僕が勝手に定義づけた「**育児の大変さの法則**」をご紹介します。それはつまり繰り返しになりますが、育児は家事や仕事と同時進行で

■育児の方程式

育児の大変さ ＝（子どもの手のかかり具合 ＋ 家事の手のかかり具合 ＋ 仕事の手のかかり具合）÷ 投入コスト

やってくるので大変になります。しかし、この「育児＋家事＋仕事」という3つの要素のうち、「子どもの手のかかり具合」については完全にコントロールする事は不可能です。抱っこしていないと泣きっぱなしで、ベッドに置いた瞬間にギャン泣きする、みたいに手のかかる赤ちゃんもいれば、ある程度ほっておいてもスヤスヤ寝る手のかからない赤ちゃんもいます。これればかりは本人の気質なので介在する余地はあまりありません。

もちろんネントレ（ねんねトレーニング）など改善する方法はあるにせよ、基本的には本人の特性だと考えれば良いでしょう。しかし、「家事」にはランダム要素が無く、バリバリ介入して手間を減らす事が出来ます。ですので、**赤ちゃんが生まれる前から**まずは家事に手がかからないように徹底して効率化しましょう。

HACK

洗濯を効率化する

というわけで、家事をひとつひとつ分解し、「どうすれば効率化出来るか？」というのを考えていきましょう。まずは「洗濯」からです。

「洗濯」と言えば僕の苦手科目の代表格でして、サラリーマン時代にひとり暮らしをしていた頃、洗濯機をまわしたのは良いけれど洗い物を取り出して干すのを忘れ、「翌朝臭くなったワイシャツをもう一度洗う」みたいな事を何度も何度も何度も繰り返しておりました。そんな僕だからこそ改善しなければいけない！

そもそも、赤ちゃんが生まれると洗濯物が大量に出るようになります。大人ふたりで暮らしていた頃の、軽く倍は洗濯機を使うようになるでしょう。

赤ちゃんは汗っかきなのでしょっちゅう着替えが必要ですし、うんちや吐き戻しで衣服やシーツ類が汚れる事もしばしば。これを今まで通り、洗濯機で洗濯してベランダに干す、取り込んで畳む、それぞれの場所にしまう、なんて事をやっていたらかなり時間が取られます。というか回転が間に合わなくなると思うので真っ先に効率化しておきましょう。

そして先ほども言った通り、「生まれてから」ではなく、生まれる前に着手してください。子どもが生まれると目先の事に追われてしまい、「家電量販店で洗濯機を吟味して買う」くらいの事をする時間すら無くなってしまいがちだからです。

●洗濯乾燥機の導入

真っ先にやるべきなのは「**とにかく洗濯乾燥機を買う**」という事です。導入している世帯もかなり増えてきましたが、それでもまだ世帯数の半分以下の普及率です。**未導入の世帯は絶対に導入してください。**

実は我が家でも導入にあたって妻から「**えー？　乾燥機能付きは高いし別にいらなくない？**」みたいなテンションで反対されたのですが、僕が「浴室乾燥は電気代が死ぬほど高い」「アカギレが痛いから濡れた布を触りたくない」「乾燥機能付きじゃなきゃ運気が下がる」「俺の金で買って何が悪いんだ！」などなど、泣いて怒ってゴネてゴネてゴネ倒したおかげで無事に導入する事になりました。そのくせ妻も、今となっては「めちゃ便利！」「無い生活は考えられない！」とホクホク顔で使っております。

そしてこれはちょっとした知恵なのですが、**新しい洗濯機を買う時は長期保証に入ると良いです。**大手家電量販店なら購入金額の何％かを追加で支払えば通常の1年保証から5年程度まで保証期間を延ばすことが出来ます。

何故これが大事かと言いますと、乾燥機能付きのドラム

式洗濯機は構造上、5年もすればホコリがあちこちに溜まって機能が低下するからです。つまり、5年の保証に入っておき、その保証が切れる前に一度「乾かなくなった」などと言って（実際乾きづらくなります）出張修理などメンテナンスして頂く事で寿命を大幅に延ばす事が出来ます。

もちろん保証期間中なので無料で修理してくれるはずです。そうやって寿命を延ばせば、高い買い物とは言え初期投資分はじゅうぶん回収出来るので、マジで、絶対に、とにかく買いましょう！　今家の中にある家電で、「これが無いと一番困るな」というのは洗濯乾燥機です。

なにせ乾燥機能がついていれば、干すのを忘れたとしても、既に乾いているので臭くならないんですよ……！

ひとり暮らしの頃、遅い時間に会社から帰って洗濯機をまわし、洗濯が終わる前に気絶するように寝てしまった翌朝の、あのワイシャツのくっせぇ臭い……！

「**あの苦労はなんだったんだ……！**」というレベル。天候に左右される事もないし、夏の暑い日や冬の寒い日にベランダに行く億劫さがゼロになります。発明した人にはノーベル賞的なものをあげて欲しい。

洗濯機＋乾燥機のパターンでもOK

ドラム式の全自動洗濯乾燥機だけでなく、洗濯機＋乾燥機のパターンでもＯＫです。むしろこのパターンだと「洗濯しながら乾燥もする」という同時進行が可能になるので、大家族になってくるとこっちのほうが良いかもしれない。

乾燥機はガス式のものがコスパも良く、早く乾くらしいです。とは言え、現場仕事で毎日洗濯物が大量に出るとか、前述したように家族が多いとか、そういうパターンではない限りは普通のドラム式の洗濯乾燥機で事足りるかなー、という感触です。

というのも、洗濯機＋乾燥機のパターンだと「洗ったのに乾燥するの忘れてた」みたいな事態は防げないので、僕みたいなうっかり者は全自動のほうが良いかもしれない。

洗濯の動線を見直す

そして洗濯乾燥機を買ったら、洗濯する際の「動線」を見直してください。

例えば洗濯機で洗濯し、干して取り込んで畳んでタンスに戻す、という作業をしているとします。その場合、

洗濯機置き場→ベランダ→リビング→タンス

みたいな流れで動線が作られる事になります。

この動線を短くする、というのはつまり「**余計な移動を減らす**」という事です。我が家の場合では洗濯乾燥機を導入すると同時に、洗濯機の上にタオルを積む棚を置き、そして浴室の目の前に「普段着用の棚」を用意しました。これによって「洗って、畳んで戻す」という作業の中で発生する「移動」がせいぜい2歩くらいの間で完結するようになっています。

これまた妻に「邪魔」「恰好悪い」という理由で棚を設置する事を反対されましたが、「どうせ赤ちゃんが生まれたらモノが増えて部屋のコーディネートとか言ってる場合じゃなくなる」「ここに棚を置くことで風水的に最高の運勢になる」「今日のラッキーア

我が家の洗濯機棚

イテムは棚だった」などと言いくるめる事で無事に設置を完了致しました。

「普段着用の棚」はそれほど大きなものじゃなくても問題ありません。ワイシャツや靴下、下着にパジャマなど、平日、使用頻度の高い服を厳選して入れておくようにしてください。洗濯頻度の低い、おしゃれ着などは今まで通りクローゼットの中に入れておいてもオッケーです。

我が家の普段着用の棚

着る物を最適化する

そして、「洗濯乾燥機を買え！」と言うと「シワが気になる」という人もいるかと思いますが、最近では機能性衣類と言いますか、防シワ加工がされたノンアイロンシャツなんかも出てきております。こういった商品を駆使してとにかく面倒ごとを減らしましょう。もちろん「**ノンアイロンシャツなのにぜんぜんノンアイロンじゃないじゃん**」みたいな商品もちまたには存在しますが、

それでも普通のシャツよりはシワになりにくいはず！

僕の例で言えば同じサイズの白いTシャツをユニクロで大量に買い、それをひたすら着まわして生活しております。夏はその白いTシャツ1枚、冬はその上にゴツいダウンを着る、というだけのシンプルな服装でして、寝る時も外出する時も基本的には全部その白いTシャツなので「何を着るか」という事に悩む時間がなくなった上、Tシャツ5枚あればオールシーズンいけるので保管場所も少なくて済みます。

もし暇な人がいたら僕が書いた記事や出演した番組なんかを全部見返してみてください。少なくともここ3年くらいはほぼ全て白いTシャツを着ているはずです。

もちろん「オシャレ楽しみたいし！」という人は無理する必要はありませんが、僕みたいに服装には割と無頓着なタイプはこんな感じで効率化しておくと楽です。スティーブ・ジョブズも同じ洋服を何枚も買って着まわしていたらしいですし。ただし「あいつ、いつも同じ格好だな」などと悪口を言われる事は覚悟しておいてください。

こんな風に、

ドラム式洗濯乾燥機を買う↓洗濯機の近くに収納場所を配置する↓洗濯が楽な服を揃える

という一連の改革を実行すれば洗濯にかかる時間が劇的に短くなるはずです。普通に洗濯して、ベランダに干して、取り込んで畳んでクローゼットにしまうパターンと比べれば1日あたり30分は短くなるでしょう。家族が増えると30分どころか1時間の時短になるかもしれません。

「乾燥機能付きは高いから……！」と敬遠してしまいがちな節約さんもいらっしゃいますが、普通の洗濯機で「洗って→干す」という工程が入ると、洗濯物を取り出してベランダに持って行く→ハンガーにかける→洗濯物を取り込むというような工程が余分にかかりますし、雨の日に濡らしてしまってまた洗うハメになったり、洗濯物を取り出すのを忘れて臭いがついてしまってまた洗い直したり、といった余計な手間が出てきます。共働きで時間が無い中なら猶更です。ですので「とにかく洗濯乾燥機を買う」というのは絶対条件で、ローンを組んででも買うべきです！

もしタイムマシンが存在して、「10年前の自分に何か一言だけアドバイス出来る」みたいな権利をゲットしたら、10年前の自分に対して「洗濯乾燥機買え！」って言うと思います。いや、言いすぎかなそれは。流石にそこは「ビットコイン買い占めておけ！」かな。

とりあえず洗濯を例に出しましたが、このように家事を効率化する事で、「これで30

分短縮！」「これで15分短縮！」みたいな感じで短縮する時間をどんどん積み上げていき、「余裕のある生活」を構築するのが狙いです。この本に書いてある事を実践すれば1日あたり2時間くらいの余裕が生まれるはずです。

2時間あれば映画が一本見られるし、ジムにも銭湯にも行けるし、友達とお茶だって出来るはずです。頑張りましょう！

HACK

料理を効率化する

さあ、洗濯を効率化出来たら次は料理です。「料理」と言っても、フライパンを振っている間だけが「料理」の時間ではありません。「料理」というざっくりした言葉には、

- 献立を考える
- 食材を買いに行く
- 実際に調理する

といったような工程が含まれていて、献立を考えたり買い物に行ったりする時間も

考えると1日あたり1時間は最低でもかかるんじゃないかと思います。ですのでこの「料理」もばしばし効率化していきましょう。

ちなみに僕、独身時代は完全無欠のまったく料理をしない男でして、渋谷道玄坂のド真ん中という、週末には泥酔してゲロ吐いてる人が大量に道路に転がってるような、死ぬほどの繁華街に住んでいたこともあって、松屋松屋松屋ラーメン回転寿司王将松屋とかそういう食生活を送っておりました。

そんな僕ですら「料理が出来ない人間が育児にたずさわるのはちょっとマズいな」と一念発起、おかげさまで今ではあれこれ料理もするようになったのですが、はっきり言って「料理」ってめちゃくちゃ簡単です。いや本当に。苦手意識を持ってる人はこの機会にチャレンジして欲しい。

なんせ今の時代、ネットで探せばレシピなんて死ぬほど出てくるし、そしてレシピ通り作ればちゃんと美味しいものが出来るんですよ。不思議と。

とは言え、「毎日栄養を考えつつ献立を考えて、

料理は3つの工程から出来ているのだ
1 献立を考える
2 買い物に行く
3 調理する

買い物に行って、食材を余らせないように作る」みたいな事になるとレシピを見ただけではどうにもならない部分があるし、時間だってかかるのでこの辺をエイヤで効率化していきたいと思います。

宅食を吟味する

こちらも洗濯の改革と同じく、子どもが生まれる前から着手してください。「宅食」という、その名の通り家に食べ物を届けてくれるサービスが最近どんどん広がっております。種類も展開している会社もたくさんあるので、自分達に合うサービスを子どもが生まれる前から見つけておきましょう。

洗濯の時にも書いた通り、子どもが生まれたらバタバタしてしまって「どれが合うのか？」と試す時間すら削られてしまうからです。

「宅食」とひとことで言っても、

- 食材のみが届くパターン
- カットされた野菜など、ある程度調理済のものが届くパターン
- 冷凍のお弁当など、完全に調理されたものが届くパターン

とざっくり3パターンくらいあります。

出産前、「今のうちに食事の工程を時短化しておこう」と、我が家でも色々試しましたが、冷凍のお弁当が届くやつは確かに一番手がかからず、楽ではあるのですが、味は「まあ、こんなもんだよね……」とちょっと物足りないんですよね。

届いたお弁当のビニールをべりべりっと剥がしてレンジに入れて、それをそのままテーブルに並べて食べるというのはちょっと味気なさすぎる。独身の頃なら良いのかもしれないけど、さすがに食卓に華がなさすぎると言いますか。

ですので今では2つ目の「ある程度調理済のものが届くパターン」を利用しています。毎回違う献立で飽きないし、栄養バランスも考えられているので今のところまったく不満がない！

「宅食なんて贅沢な……」と思う方もいらっしゃるかもしれませんが、我が家が利用している「ヨシケイ」の宅食は1食ひとり700円前後なので自炊に比べて「めちゃくちゃ高い！」「贅沢！」というものでもないかと思います。買い物にも行かなくて済むので「余計なものを買わなくなる」という観点でもある意味節約になると思う。そして確かに高くはつくけど、とにかく余裕のない内は必要な出費だと割り切りましょう。

子どもが中学生とかになって死ぬほど食べるようになったら確かにかなりの負担になるかもしれませんが、幼稚園くらいまでは食べる量なんて知れていますし、大人ふたり分を頼んでちょっと分けてあげるくらいで良いかと。

もちろん「料理が好きだし、自分で作りたい！」という方は別ですが、子どもが生まれる前後くらいはいったん宅食を導入しつつ、少し時間に余裕が出てきたくらいのタイミングで自炊に戻す、みたいなやり方でも良いのではないでしょうか。平日は宅食、土日は自炊、というように分けて使っても良いと思います。とにかく、前述の通り生まれてくる子どもがどれくらい手がかかるかは未知数なので、**家事にまつわる時短は極限までやっておきましょう。**

そしてこの「宅食」の素晴らしい部分は、「**献立を考えずに済む**」という所にあります。「料理」とひとことで言っても、前述の通りフライパンを振っている時間だけが「料理」ではありません。「献立を考える時間」「食材を買いに行く時間」「実際に調理する時間」の3つが合わさって「料理の時間」になります。

宅食を利用する事で献立を考えずに済みますし、買い物に行く時間も減らす事が出来ます。これによって1日あたり1時間近くの時短になるはずです。それに買い物に行かなくなると必然的に無駄な出費も抑えられるんですよね。余計なものを買わなくなるから。僕はついお菓子とか買っちゃうタイプなので……。

我が家は共働きだし、朝ご飯は子どもに簡単な食事を作る（おにぎりやトーストなど）くらいで、昼食は各自バラバラです。平日の晩ご飯はその日届いた「ヨシケイ」のご飯を調理して食べるだけなので、献立を考えたり買い物に行ったりというタスクが発生しません。ほんと、買い物に行かなくなるのでむしろ宅食を使ったほうが余計な出費が少なくなっている気がします。

その代わり土日は出かけて外食する事も多いので、土日の宅食はお休みにして、外食しない場合は普通に食べたいものを作ったりしています。

調理家電を駆使する

さあ、どんどん時短していきましょう。

流石に電子レンジは各家庭にあるかと思うのですが、おすすめなのがホットクックです。子どもが出来るとオムツを替えたりミルクをあげたり、とにかく全てが赤ちゃんのタイミングで動くので、カレーやシチューなど「時折かき混ぜながら長時間煮込む」みたいな料理がものすごく作りづらくなります。味噌汁だって「沸騰前に火をとめて味噌を入れる」という作業が赤ちゃんのタイミングで中断させられて吹きこぼれてしまう事もあるでしょう。

ホットクックがあれば煮物や汁物にカレーなど、具材を放り込んであとは放置しておくだけで1品出来上がるのでとにかく楽です。

我が家では朝、僕が人参と大根と豚肉と、余ってる食材なんかもついでに使いつつ、ダシ粉と味噌を一緒にホットクックに放り込んで味噌汁を作り、その日の汁物として使う、みたいなルーチンになっています。なぜ大根と人参かと言うと、子どもが好きでよく食べるのと、このふたつは日持ちするからです。白菜とかだとすぐに傷んじゃいますし。

我が家は前述の通り宅食を利用しているのですが、献立に汁物が無い日があったりするので、野菜を摂取する意味合いも込めてなるべく具沢山の味噌汁を作ることにしています。具沢山の味噌汁があれば、あとは目玉焼きと納豆くらいでも立派な朝食・昼食になりますからね。
他にも、低温調理器などほったらかしでも勝手に調理を進めてくれる家電は育児と相性が良いです。あとは電気鍋なんかも、小さい子どもがいると火を使うのが怖いので重宝します。

炊飯器を活用する

そして、「調理家電買うのもったいない！」とか「置く場所がない！」という人は炊飯器をフル活用してみてください。恐らく、育ち盛りの中学生がふたりいる、みたいな家庭でもないかぎり、お米はある程度まとめて炊いて冷凍保存している家庭が多いのではないかと思うのですが、その場合炊飯器が遊んでいる時間が長くなるため、炊飯器を使った調理にチャレンジしてみるのも良いと思います。

代表的なレシピ

丸ごとトマトの炊き込みご飯

・お米2合＋2合ぶんのお水
・トマト（1個）のヘタをとってくし切りにしたもの
・コンソメ……1個
・塩・胡椒・味の素……少々
・とろけるチーズ……1枚

以上を入れて普通に炊いて、炊きあがったら軽く混ぜるだけなのでめちゃくちゃ簡単！　なのに子ども人気が高い！

カオマンガイ風ご飯

・お米2合＋2合ぶんのお水
・鶏もも肉……300g
・カオマンガイの素
スーパーに売ってなかったらネットで買ってストックしておこう！

先ほど僕は「ホットクックで味噌汁を作っている」という事を書きましたが、炊飯器で味噌汁を作っても全然問題ありません。予算や場所の問題であれこれ調理家電を揃えるのが難しい場合は、炊飯器をゴリゴリ活用していきましょう。

あとは角煮や煮物なんかも炊飯器で作るのは簡単ですし、タレの調合が面倒臭いならそのものズバリの「角煮のタレ」「煮物のタレ」みたいなものが普通に売っているので、こういうのをばんばん使って時短していきましょう！

角煮なんかはむしろ「炊飯器で作ったほうが美味しいのでは？」と思いますし、そういう料理はたくさんありますが、基本的に具材を放り込んでスイッチを押し、放置するだけなので、時間がかかるような料理こそ炊飯器で作るべきなのかもしれません（匂いには注意！　カレーとかキムチ系のものを作ると匂いが取れなくて困るよ！）。

食洗機を導入する

そして、洗い物を時短するために食洗機を買いましょう。

特に子どもが生まれると哺乳瓶やおしゃぶりにオモチャなど、洗いづらい形状なのにしょっちゅう洗わなきゃいけないものが増えるので、高温洗浄で殺菌出来るタイプの食洗機がベストです。

これまた妻に「台所が狭くなる」と導入を反対されたのですが、「とにかくアカギレが痛くて洗い物をしたくない」「食洗機を買う事でヨドバシカメラを応援したい」「こないだ椎名林檎が『みんなも食洗機を買おう』ってテレビで言ってた（妻は椎名林檎ファン）」などとウソもたくさん混ぜる事で無事に導入することに成功しました。だって見てくださいよこれ。※1

これ、おしゃぶりなんですけど何をどうしても洗いづらいじゃないですか。スポンジ使ったら絶対届かない箇所が出てきます。こんなもんどう考えても高温＆水圧でバーッてやったほうが早いでしょ！

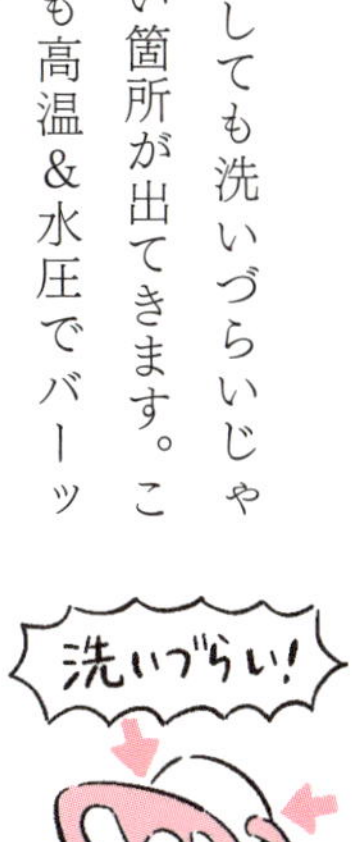

※1

「買いたいけど場所が無いんだよな〜」という方も、最近ではタンク式の場所を選ばないものがあったりしますし、前述の宅食やホットクックを駆使すれば調理スペースをそれほど取らなくても良くなるので、多少狭くなってもそのデメリットを補うだけのメリットがあります。

タンク式なら
コンパクトで
どこにでも置けるよ！

そして大事なのが、普段使用する食器も食洗機に合わせて揃えておくことです。あまりにも大きなお皿とか、食洗機が使えない

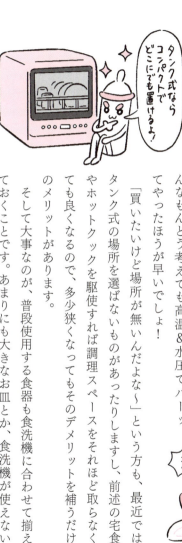

輪島塗りのお椀とかお箸とか、そういったものは使わないようにしつつ、大きさや形状がある程度統一された食器を揃えておくのがベストです。ワンプレートの食器なんかは洗い物が少なくて済むので活用しましょう。これによって手洗いに比べれば1日20分程度の時短になるはずです。

食器を買うときは
食洗機が使えるか
どうか必ず確認してね！

HACK

買い物を効率化する

続いて買い物を効率化しましょう。要するに「ネットで買え！」という事です。普段の買い物をカテゴリーに分けると、

①定期的に買う必要がある日用品（洗剤・トイレットペーパー・オムツ・ミルク・ティッシュ・スポンジなどなど）
②生鮮食材
③嗜好品（服や本、趣味のものなど）

という具合に分けられるかと思うのですが、このうち①の日用品についてはとにかく

どんどんインターネットで買いましょう。買うべきものを「お気に入り」なんかに登録しておいて、無くなりそうなタイミングで注文、というルーチンです。

その際に意識しておきたいのが、楽天市場やYahoo!ショッピングなどにある、「この日に買うとポイント還元率が高いでぇ〜」みたいな日を活用することです。楽天市場なら「5と0のつく日」は楽天カード利用でポイントが4倍になりますので、こういう日にまとめて注文するのがお得です。

もちろん、送料なんかも考えると店舗で買ったほうがお得なパターンもありますので一概には言えませんが、Amazonプライムの会員がAmazonで買うのであれば送料もかかりません。

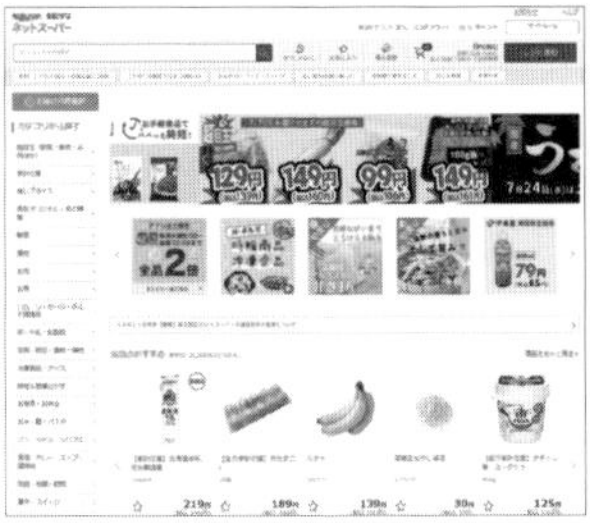

出典：楽天マート
https://sm.rakuten.co.jp/

近所に安いお店があって、容認出来ないぐらいのコスト差があるなら別ですが、今はネットで買っても普通の店舗で買ってもそこまで価格差がないので、「ちょっと高いな〜」くらいであればネットで買っておいたほうが時短になって良いのではないかと思っております。育児が大変な時は時間が何より貴重なので……。

とにかく一度、近所のお店ならいくらで売っているのか、そしてそれをネットで買うといくらになるのか、価格差について出産前から調べておきましょう。

我が家の場合で言うと、近所のスギ薬局のアプリを使うと「1品15％OFF」というクーポンがほぼ毎日配信されている上、買い物した時に貰えるチラシにも同じように「1品15％OFF」というクーポンがついています。

なのでオムツとか化粧品とかそこそこ単価が高い物についてはスギ薬局で買うようにしているのですが（15％オフ！）、こんな感じで「これはあんまり価格差が無いからネットで」「これはクーポン使うと激安だから実店舗で」みたいに目星をつけておくと良いです。※クーポン配信基準は適宜変更になり、公開していないとのこと。配信頻度は人によって異なる可能性があります（スギ薬局HPより）。

続いて②の生鮮食品です。これもネットで買いましょう。ただし、これについてはサービス展開されている地域がまだ限定的なので全国どこでも、とは言えませんが、楽天×西友やイトーヨーカドー、イオンなどはネットで注文して生鮮品が家に届くサービスがあるので、こういったものも駆使してとにかく買い物に行く頻度を減らします。もちろん「買い物に行くのが気分転換になる」という方は別ですが、買い物も「面倒臭いな〜」と思うタイプの人はネットを使って買い物に行く回数を減らす事が重要です。

最後の③の嗜好品についてですが、これを買うのはたぶん「楽しいこと」なので店舗に見に行っても良いでしょう。要するに「定期的に買う必要があるものや価格差がないものはネットで、クーポンなどが使えるものや趣味のものは店舗で」って感じで使い分けるとグッドです。これで1日20分くらい節約できます。

日持ちする食材を買う

そして、買うものはなるべく日持ちする食材を選ぶべきです。野菜で言えば白菜やレタスなど足の早いものは必要な時以外は買わず、基本的には玉ねぎや長ネギ、人参など一週間くらいは大丈夫なものを買っておき、ちょろちょろ使って無くなったらまた買う、みたいなパターンにすると無駄がなくなってコスパが良いです。

お肉も大きいものをパックで買って、小分けにして少しずつ使うとグッド。前述の具沢山味噌汁はこの方法で作っております。どうしても傷みやすい野菜なんかを使った時には、残りをまとめて放り込んで味噌汁の具にしちゃえばOKですしね。野菜ならだいたいなんでも味噌汁になるので便利すぎる。

もちろん冷凍食品なんかもバリバリ使います。冷凍餃子を楽天で買うと、96個入って2,000円！　みたいなやつがあったりするのですが、最初は「これ大丈夫かいな?」って半信半疑だったのに、食べたらちゃんと美味しいのでちょっとビビリました。

僕は大飯食らいで宅食の献立だけだとちょっと物足りないな、という時があるのでそういう時はその冷凍餃子をサッと焼いて献立に追加したりします。6個食べても125円!

以上、これらのポイントを全て駆使して料理してみてください。劇的に暇になるはずです。献立を考えて買い物に行って料理して後片付けは手洗いで、みたいな事をやっていた人なら軽く1時間は時短になる!

HACK
掃除を効率化する

続いては掃除を効率化しましょう。「掃除を効率化」と言うとたいてい出てくるのがお掃除ロボットですが、実はあれって育児とあまり相性が良くないなと思い、我が家では導入していません。正確には「導入してみたけど使わないから友達にあげた」という感じですが。

ロボット掃除機を最大限活用しようと思うと、必然的に家具の下にロボット掃除機が通るスペースがあるように部屋全体を設計しなければいけませんが、子どもがソファから落下するなどの事故を避けるために我が家ではローソファを使うなど、背の低い家具で揃えてあるのでロボット掃除機が通るスペースが無いのです。

それに赤ちゃん用の柵やマットなども増えるし、床にはオモチャが散らかるしで、ロボット掃除機を活用するのはもう少し子どもが大きくなってからで良いかな、と思っております。もちろん寝室など子どもが普段出入りしないようなお部屋の掃除のために買うのであればばっちり！

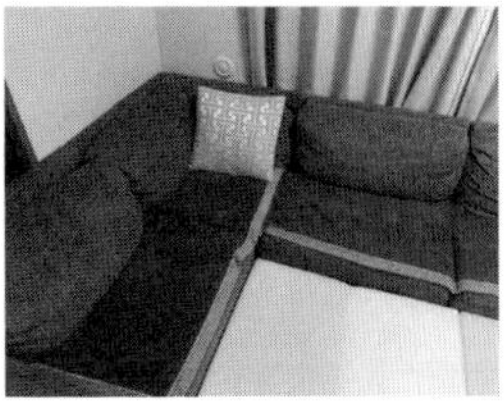
我が家のローソファ

■**ルンバ**

言わずと知れたロボット掃除機の代名詞、ルンバであります。「でもお高いんでしょ〜？」というイメージがありますが、安い機種だと3万円台で買えます。逆に高い上位機種だと20万円くらいするものもあります。

前述の通り、子どもが生まれるとオモチャは散らかるし、フロ

Roomba i2

アマットも使うし、「育児との相性はあんまり良くないな」というのが正直なところなのですが、廊下や寝室など子どもが出入りしない場所を重点的に掃除する用途で使うのであれば良いかもしれません。

■ Eufy

こちらはモバイルバッテリーなどでお馴染みのAnkerグループから販売されている「Eufy RoboVac 15C」で、なんといっても値段が安くて2万円以下で買えます！

Eufy RoboVac 15C

ロボット掃除機市場は今かなり激戦になっていて、他にもAmazonのオリジナルやパナソニックにアイリスオーヤマといった日本企業も参入しているのでお値段的にはかなりこなれた感じになっております！

家事代行を使う

じゃあロボット掃除機を使わずにどうやって掃除を効率化するのか？ 我が家が導入したのが家事代行です。

CaSyやベアーズなど家事代行のサービスが増えていますが、実際に自分が使って感じたのは「思ったより安いな」という事でした。我が家では1回あたり3時間、週に1回来て頂いていたのですが、1回あたり8,370円×4回で月あたり33,480円です。

子どもが保育園に通いはじめ、ある程度子育てが落ち着いた今では2週間に1度3時間に頻度を減らして月あたり17,340円です。

1回あたり2時間でも良いかなと思いますし、コストが気になる人はまず2週間に1回、2時間程度からはじめてみても良いと思います。それなら月あたり12,000円くらいで済みます。

我が家でやって頂いているのはトイレ・風呂・洗面台・キッチンなど水回りの掃除と、ベッド及び布団のシーツ替えと洗濯、溜まった段ボールや資源ゴミなどのゴミ捨て、あとはフローリングにひととおりクイックルワイパーをかけて頂くなどです。

こういう具合に、「毎日やるほどではないけど、定期的にやっておかないとえらいことになる」みたいな場所を掃除して頂くのがおすすめ。育児をしているとどんどん家が散らかってげんなりしてきますが、週に1回、2週間に1回でもいったんリセットされて綺麗になることは精神衛生にも良いです。部屋が散らかっていると脳味噌がそっちに気を取られて疲れる、みたいな事にも繋がるらしいですし。

「なんで子育てしてるとそんなに散らかるの？」と、まだお子さんがいない家庭の人は思うかもしれませんが、子育ての経験者は全員、間髪容れずに「いや、散らかるから……！」と答えます。なんせ、子どもがやりたい放題やるから！

オモチャをあちこちに投げる、ティッシュの中身を全部出す、洋服をタンスから全部引っ張り出す、などなど、我が家では息子のことを「ちっちゃい怪獣」と呼んでいますがこの怪獣がお部屋の中で暴れ倒すので必然的に散らかるわけです。これはもうどうしようもない！

「じゃあ子どもの手が届かない所に全部隠せばいいじゃん！」みたいな考えの人もいるかもしれませんが、でもこうやって子どもが色んなものを引っ張り出したり散らかしたりするのも、発育の上では大事な事らしいんですよ。ですので我が家では怪獣が暴れ出しても危ないものとか壊れるもの以外は割と好きなようにやらせております。

そんなわけで我が家のリビングは定期的に家事代行さんに来て頂くことによって怪獣が暴れ倒す割には綺麗になっていますが、お掃除をお願いしていない僕の部屋は荒れ狂ったままです。誰か代わりに片づけて欲しい。

■CaSy

我が家がお世話になっているやつです。CaSyの良いところは、他のサービスに比べると料金が安いこと！　だいたい1時間3,000円くらいだと思っておけば良いので、週に1回2時間の家事代行を月に4回呼べば3,000円×2×4で24,000円くらいになります。

基本的に全部インターネットで完結するので申し込みも楽！　ただし、提供エリアが首都圏＋関西圏その他くらいで限られているのと、人手が少ないエリアだとなかなか代行さんが決まらない事もあるので、その点には注意が必要！

■ベアーズ

こちらも家事代行最大手クラスです。ただし料金はCaSyに比べると少し高め。その分研修制度がしっかりしていることと、登録しているスタッフの数も多いらしく、急なお願いなんかでもけっこう柔軟に対応してくれる上、洗濯や掃除以外にも頼める項目が多いのが特徴。

こちらもCaSyと同じく対応エリアは限られています。

■ダスキン　メリーメイド

そしてダスキン！　全国で展開しているのでCaSyやベアーズが展開していない地域でもお願いする事が可能！　ただし料金は高め！　CaSyやベアーズはあくまでマッチ

ングしてくれるサービスなので来る人によって合う合わないがあるけれど、ダスキンの場合はサービスが統一されていて「全員プロ！」という感じで、まじで隅々まで綺麗にしてくれる！

他にも「タスカジ」や「カジタク」など、様々な会社が参入しているのでまずは「住んでいる地域＋家事代行」でググってみて、出てきたものをそれぞれ試していくのが良いかもしれない！　初回限定割引プランとかもあるしね！

くれぐれも出産前から試しておこう！

●そもそも汚れないようにする

更に、最近ではお風呂やキッチン、洗面台など水回りをコーティングして汚れづらくしてくれる商品もたくさん出ています。お風呂場だと月に1回スプレーして拭きあげればオッケーとか。こういう商品を駆使して（我が家では家事代行さんに定期的にやって頂いておりますが）、掃除が簡単になるようにしておきましょう。

①和気産業の水まわりコーティング4点セット。「約3年持続!!」と書いてあるけれどそのぶんお高め。

①

水まわりコーティング
4点セット

②同じく和気生業の安価なスプレータイプ。こちらは2週間に1回くらいの頻度で使う必要があります！　代行さんが来てくれた時に仕上げに使っておいてもらいましょう。

③東洋アルミのホコリとりフィルター。全然高いものではないので、ばんばん使っていきましょう。

換気扇に使い捨てのフィルターをつけて捨てるだけで良いようにしたり、それぞれの排水口にはネットをかぶせるなど、使い捨てのものを多用すると掃除が楽になります。

リンサークリーナー

水を噴射しつつ、掃除機がその水ごと汚れを吸い取る、みたいな構造の掃除機ですが、ソファなど丸洗いしづらいものに赤ちゃんが吐き戻した時に大活躍します。雑巾でいくら拭いても取れないような臭いもこれを使えば一発！　小さい子どもがいる家庭には必須の商品じゃないかと思っております。

アイリスオーヤマのリンサークリーナー。安かったのでコンパ

②

超かんたん
コーティングスプレー

③

ホコリとりフィルター

リンサークリーナー
RNS-P10-W

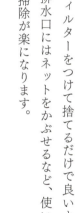

クトタイプのものを選んで使っているのですが、自動でお水を噴射してくれるタイプのやつにすればよかったとちょっと後悔！　車を持っている人はコードレスタイプのものを買うと車のシートにも使えて良いかも。

とにかく捨てる

そして断捨離です。余計なものはばっしばし捨てましょう。僕は「おっ、これ便利そうだな？」と思ったらすぐ買ってしまう性質をしているのですが、その分だけモノもたくさん捨てたり売ったりしております。あんまり地球に優しくないですね。

この「断捨離」については妻のほうが得意で、我が家にある要らないものは妻がせっせとメルカリに出品しておこづかいに変えております。「これ、値段がつかないだろうな〜」みたいなものはジモティーに「引き取ってくれれば無料だよ〜」って出せば秒で誰かが取りに来ます。たぶんジモティーにはリサイクル品をゲットしてる業者みたいな人も交ざってる。別にいいけど！

メルカリ

言わずと知れたメルカリですが、「こんなものまで売れるの!?」とびっくりすることうけあい。慣れてくると出品から発送までそれほど時間もかからず出来るようになります。

子どもは成長が早いので、「もうこれ使わなくなったな〜」とか「もうこれ小さいな〜」みたいなものはばんばんメルカリで売りましょう。逆に言えば幼児期の子ども服など、1シーズン着たらもう成長しちゃって着られなくなる、みたいなものはメルカリでばんばん買うようにすれば節約にもなります。

■ジモティー

古くなった家具など「別に値段が高いわけではないけど、かさばるので送るのが大変」みたいなものはメルカリで売りづらいので、そういう時はジモティーに「引き取ってくれれば無料！」って出すと秒で誰かが引き取りに来てくれます。我が家はこの方式でコタツや古いソファを処分しました。

そのため、メルカリに出品する→売れなければジモティーに無料で出すみたいな感じでやるとだいたい全部綺麗になくなりますよ！

そんなわけで要らないものを捨てたり売ったりして、赤ちゃんが生まれる前に、自宅の荷物を徹底的に減らしてスペースを空けておきましょう。

「クローゼットがガラガラになった！」と思うかもしれませんが大丈夫、そのガラガラ

のスペースも赤ちゃんが生まれるとすぐに埋まります。がんがん捨てていきましょう。
いや本当にマジで一瞬で埋まります。

世の中の人達は掃除・片づけを「散らかっているものを元の場所に戻すこと」だと思いがちですが、本当に片づけるのであれば、

1 いったん収納されているものを全部引っ張り出す
2 要るものと要らないものに仕分け、要らないものは売るなり捨てるなりする
3 元に戻す

という工程でやるべきです。**「捨てる」「売る」という工程を踏まない限り、そのうちパンクするので。**

僕は仕事柄色んな人から色んなものをもらったりするのでついつい物が増えがちですが、その代わり捨てる時は景気良く捨てるので自分の持ち物自体はそんなに多くありません。

例えば靴はスニーカー＋ビーチサンダル＋長靴（作業用）＋トレッキングシューズ＋冠婚葬祭用の革靴の5種類しか持っていませんし、「洗濯」の所で言ったように服も「Tシャツを5枚＋上にダウンを着るか着ないか」だけで調節しているので、持っている服を全部挙げても、左記で終わりです。

白いTシャツ	5枚	春・秋用の薄手のダウン	1枚
パンツ(下着)	5枚	真冬用の厚手のダウン	2枚
靴下	5足	運動用に、速乾性のある肌着	2枚(ジムに行った時に白いTシャツの下に着る)
短パン	2枚	ジャージ	2セット
長ズボン	2枚	冠婚葬祭用のスーツ+ワイシャツ	1セット

家にいようが外にいようが、アウターを脱ぐだけで基本は同じ格好ですし、寝る時もTシャツにジャージとかです。

新聞記者にインタビューされる時も大臣にインタビューする時も、テレビに出る時も全部これです。先ほども書きましたが、お暇な人はぜひ僕が何かしらのメディアに出ているところをチェックしてください。ほぼ間違いなく白いTシャツか、ジャージか、冬場の屋外ならダウンを着ているはずです。

あ、書くのを忘れてたけど登山とかトレッキング用の服も一式あるかな。とは言えしょっちゅう着るわけじゃ

ないのでクローゼットの奥のほうに入っております。

とにかく、ヘタってきたら新しいのを買って、新しいのを買ったら古いものを捨てるか売るかするのですが、これぐらいしか服が無いので収納スペースがめっちゃ余っております。まあ、子どもが出来たら子ども用品に死ぬほどスペースを取られるようになるわけですが……。

我が家では僕も妻も息子と娘を溺愛しており、「これ、可愛い！」という子どもも服を見かけたら即座に買ってしまいますので、僕より息子と娘のほうが間違いなく持っている服の種類が多い。Tシャツだけで20枚近くある気がする。

ともあれ、「持っている荷物を減らす」というのはけっこう良い考えだなと思っています。流行りのミニマリストみたいに、「部屋に布団すらない」みたいなのは流石にやりすぎだと思うのですが、日常生活に不便の無い程度にモノを減らすのは全然アリです。

収納を減らすという事はそれだけ家賃が下がるという事にも繋がります。例えばモノを減らして1m×50㎝のサイズの棚を捨てる事に成功したとしましょう。1m×50㎝と言えば0.5㎡です。50㎡で10万円の家賃を払っていると仮定すると、毎月1000円、その棚を置くためだけのお金を取られている計算になりますからね。

この機会に洗面台の下からクローゼットの中から何から、全部いったん引っ張り出して精査し、要るものと要らないものに仕分けてばっさり断捨離してしまいましょう。

子どもが生まれる前後だけでなく、年に1回はこういう機会を作るのが良いのではないかと思います。

以上、この辺の事を駆使すると、**掃除、洗濯、料理、買い物というメインどころの家事が劇的に楽になるはず**です。とにかく、騙されたと思って生まれる前から一度、抱えている家事を洗い出しつつ、全てを効率化して時間的・空間的な余裕を作り、赤ちゃんを迎え入れる万全の態勢を整えておきましょう。

終わってる4畳半の自室。ここで寝転がりながら仕事をしている。

参考までに僕の仕事場でもある部屋を晒しておきますが、こういうグチャグチャな部屋でゲームしてた僕ですら、赤ちゃんを迎え入れるにあたって頑張って自分の部屋以外は片づけたんですから！

「出産前からの準備」が大事と何度も言っていますが、子どもが生まれる前であっても、例えば妻のつわりがひどくて動けないとか、切迫早産気味になって絶対安静にしなきゃいけないとか、そういうシチュエーションはじゅうぶんあり得ます。

そうなった時は当然男性側が主体で家事・育児をこなさなくてはいけないため、効率化しておかないとめちゃ大変です。ですので妊娠が判明したくらいのタイミング、むしろ妊娠していなくたって効率化は図っておくべきではないでしょうか。

ちなみに我が家ではふたり目の子どもの妊娠時、出産3か月前くらいのタイミングで妻に対してお医者さんから「切迫気味だから安静にして家事育児は全部旦那にやらせなさい」という指示が飛びました。

これは本当に死ぬかと思いました。

なんせ僕、昼間は普通に働いてるんですよ。その上で家事も育児も両方やらなきゃいけないんですよ。その時の僕のタイムスケジュールはこんな感じです。

■1日のスケジュール

7:00	起床。食洗機＆洗濯機をまわす
7:30	息子を起こして朝ご飯、着替え、歯磨きなど登園準備
8:30	息子と一緒に散歩がてら道草食いながら歩いて保育園に。いつも「でんしゃ、のりゅ」と保育園ではなく駅のほうに行きたがるので途中から抱っこで強制連行。息子ギャン泣き
9:00	息子登園後、家に帰ったらメール返信など軽めのタスクの処理
10:30	焼きそばなど簡単な昼食を作る
11:00	二度寝してる妻を起こしてお昼ご飯を食べ、カフェやサウナなんかに出かけて原稿を書くなど重めのタスクを処理
16:00	帰宅。息子が帰って来る前に宅食を活用して晩ご飯をある程度作っておく
17:00	息子をお迎えに。帰って来た息子の手洗いと着替え。18時には晩ご飯が出来上がるように調理の仕上げ
18:00	晩ご飯をみんなで食べる
18:30	食べ終わったら食洗機をまわす。子どもと遊ぶ
19:30	息子をお風呂に入れる
20:00	妻が息子の寝かしつけ。その間にある程度お部屋の片づけや翌日の登園準備、洗濯など
21:00	銭湯に出かける
22:00	銭湯から帰る。日中終わり切らなかった仕事を片づけるなど
25:00	就寝

だいたいこんな感じで、これだけでもまあまあキツいのに、僕この頃、思いっきり**ギックリ腰**になっていたんですよ。

腰が死んでるのに息子は抱っこをせがんでくるし、息子の着替えなんかでどうしても中腰になるタイミングもあるし、まじで地獄かと思った。

ギックリ腰ってだいたいお医者さんから「安静にしなさい」と言われるんですけど、妻が切迫早産気味で安静にしなきゃいけないのに、僕が安静に出来るわけないじゃないですか。だからもう死にそうになりながらなんとかこなしていたのですが、そこから更にふたり目が生まれたんですよね。

前述のスケジュールに加えて、「夜間の授乳」がタスクに加わりましてね。25時に寝てから7時に起きるまで、2回くらいは夜中に起きてミルクをあげたりオムツを替えたりしていたので、あの、こんな事を言うとあれなのですが、義理のお母さんが手伝いに来てくれるまでは本当につらかったです。

とは言え、

- **元々家事を効率化していたこと**
- **自営業で時間の融通が利いたこと**

の2点でなんとかやり切れた感じがあります。妻と「サラリーマン家庭はこういう時どう対応するんだろ?・」みたいな話をよくしておりました。

そのぶん、

- **ギックリ腰で腰が死んでる**

というマイナス点もありましたけど。

COLUMN

諦めが肝心

さあ、「家事をどうやって効率化するか」についてツラツラ書いてきましたが、これらを実践するにあたって大事な大事な心構えについて書きます。それは、**ある程度諦める事**です！　効率重視であれこれやっているとどうしても手の届かない場所が出てきます。

例えば僕は「掃除」のところで「週に1回家事代行を呼んでトイレや風呂なんか水回りを掃除してもらうといいよ」みたいな事を書きましたが、**裏を返せば我が家ではトイレなど水回りを週に1度しか掃除していない事になります。**

もちろんお風呂が終わったら栓を抜いて最後にシャワーでざっと流し、「こすらず流すだけ」の浴室用洗剤で洗う程度の事は毎日するのですが、ゴシゴシ擦ったりするのは週に1回、代行さんがやっているだけです。トイレも同じ。

「掃除」の所で書いたように、塗っておけば水で流すだけである程度綺麗になるコーティング剤なんかがあるので、トイレもお風呂も毎日擦って洗わなくても実はそんなに汚れません。もちろん目立つ汚れがあるならその場で掃除しますけど。

シーツ交換も同様で、夏場でも「週に1回交換すればOKでしょ。なんならエアコン完備の今なら冬と変わらず2週間に1回でいいじゃん」くらいの感じなのですが、「シーツは毎日替えたい！」って人もおそらくいるはずです。

風呂掃除もトイレ掃除も、「毎日やりたい」と思ってしまうタイプの人は、子どもが出来るとけっこうしんどくなります。これは全ての家事に当てはまります。こだわればこだわるほど大変になる。

料理だって「宅食でいいよねー」と思っている人と、「なるべく手作りしてあげたい」と思っている人を比べると、後者のほうがより時間がかかって大変である事は簡単に想像がつきますよね。

トイレもキッチンもお風呂場も毎日擦り洗いをして、シーツも毎日交換して、料理も全部買い出しして手作りして、洗濯物はアイロンがけもしてってやってたら当然時間が無くなります。別に本人が楽しく出来ているなら良いのですが、それによって余裕を失ってイライラするぐらいなら**マジで意味がないのでやめたほうが良いです。**

貴方が仮に子どもだったとして、「いつも家がピカピカでこだわった手料理を出してくれるけどイライラしがちな親」と、「多少散らかってるし冷凍食品も出てくるけどいつも機嫌の良い親」と、どちらと暮らしたいですか？　っていう話です。

「親がイライラしがち」って、言葉にすると簡単だし、そういう親ってあちこちにいると思うんですが、これは本当に子どもの発育にとって良くないので、自分が機嫌よくやれないのであればばっさり諦めるマインドを持ちましょう。

そしてこれは僕の周りの実例です。僕の友人の奥さんが「こだわるタイプ」でして、風呂掃除もトイレ掃除も毎日やる派の人で、同棲中はお互い時間もあるし、奥さんが率先して家事をしていたので良かったのですが、子どもが出来て時間に追われるようになる中、同じように家事をする事を僕の友人にも求めるようになった上、「タオルの畳み方が違う」「お皿をしまう場所が違う」などやる事なす事あらゆる事にダメ出しするようになってしまいました。

ましてや子どもなんて親の意向を無視して散らかすし汚すし、そのたびに奥さんがせっせと掃除して片づけてってやっているうちに、家の中がまじでギスギスしてしまい、仮面夫婦みたいな状態になったそうです。果たしてそれが子どもの発育にとって良い事なのでしょうか。

はっきり言って**「家の中が綺麗な事」**より**「お互い機嫌よく過ごす事」のほうが子どものためにも、自分達のためにも10倍くらい大事**だと思うので、ある程度割り切って「諦める事」は大事です。

タオルの畳み方もお皿の置き場所もはっきり言って「どうでもいい」っていうレベルです。別にタオルの畳み方が違っても子どもがケガをするわけではありません。トイレもお風呂も毎日掃除しなくたって誰かが病気になるわけでもありません。

ご飯だって手作りだろうが冷食だろうがインスタント食品だろうが子どもにとってはけっこうどうでも良い事です。むしろ冷食やインスタント食品のほうが子どもは喜ぶかもしれません。

「子どもの健康のために！」という意識を持って野菜たっぷりの手作りご飯を食べさせてあげるのも大事ですが、「健康」という言葉にはふたつの意味があります。

それは「肉体的な健康」と、「精神的な健康」です。

肉体的な健康は栄養たっぷりの手作りご飯で確かに実現出来るかもしれませんが、子どもの精神的な健康はイライラしている親では実現出来ないのです。だから、ある程度は諦める事が大事です。イライラしながら家事に追われるくらいなら、ある程度スパッと諦めてご機嫌に過ごす事を心がけましょう。本当に。

CHILDCARE HACKS

03

「自分」を最適化する

家事を最適化させたら、今度は自分自身を最適化しましょう。登山で言えばいくら装備を揃えても、それをかついで山に登るのがヒョロヒョロのモヤシっ子ではやはり苦労するはずだからです。赤ちゃんを迎える前に、自分達自身も最適化しておきましょう。

最初に言った通り、「育児の大変さ」は、

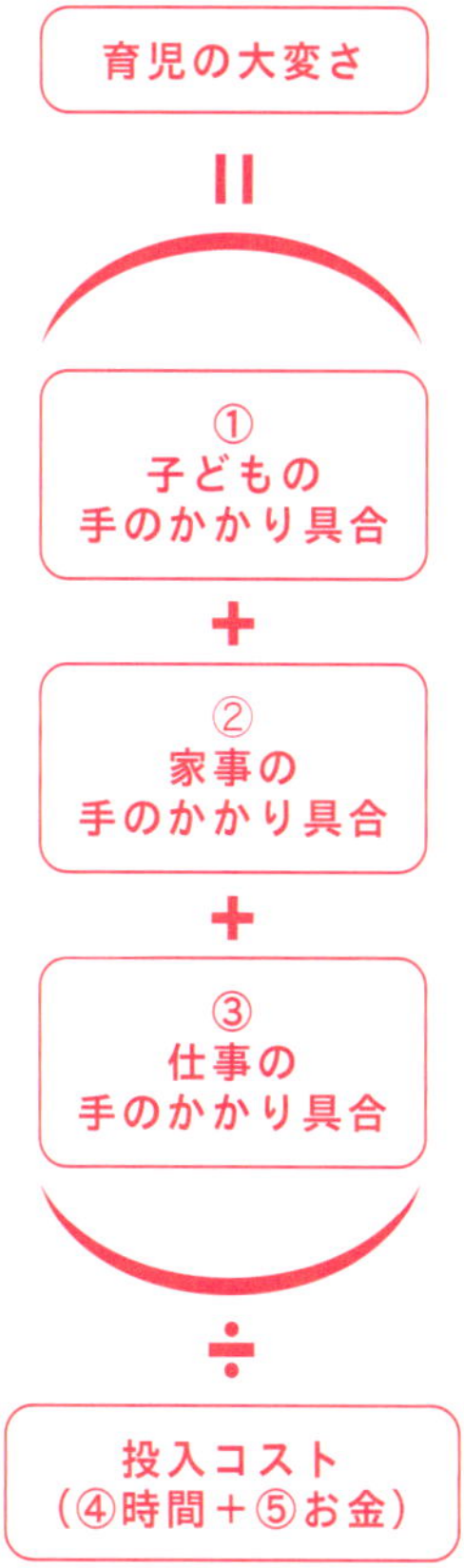

である程度求める事が出来ます。

このうち、②の家事については前節で最大限まで効率化する方法について述べました。次に考えるのは投入コストのうち、④の「時間」についてです。

「投入する時間を増やす」となると、取れる手段は次の2パターンです。

1　人員を増やす

2　ひとりあたりの投入時間を増やす

今回はこのうち、2の「ひとりあたりの投入時間を増やす」パターンについて考えます。

例えばあまり体力が無くて土日はなるべく寝ていたいAさんと、体力オバケでとにかく動いていないと気が済まないBさんがいた場合、リソースを多く割ける、つまり投入時間を増やせるのはBさんであることは簡単に想像出来るかと思います。

僕の話で恐縮ですが、僕は割とこのBさんタイプで、「そもそも睡眠時間が短い」「無駄に体力がある」「じっとしてるのが嫌い」みたいなタイプでして、これが初期の育児に活きました。まだ子どもが新生児の頃の大変な時期もこの「体力」一本で乗り切った、みたいなところがあります。

我が家は出産時にお産が順調に進まず、帝王切開で出産することになったのですが、当然妻はお腹を大きく切るため少なくとも1か月は安静にする必要があります。

必然的に育児のメインは僕が担当する事になるのですが、「特に夜間は妻にぐっすり寝てもらう事が大事だ」と考えていたので、出産後1か月はずっと僕が夜間の育児担当をしました。その頃の1日のスケジュールはこんな感じです。ちなみに妻の実家に里帰りしておりました。

■1日のスケジュール

10:00	育児のメイン担当を起きてきた妻とバトンタッチしてコワーキングスペースに行って仕事
18:00	帰宅。メイン担当をまた僕に交代。赤ちゃんをあやしたりしつつ、お義母さんが作った晩ご飯を頂く
19:00	赤ちゃんをお風呂に入れてお着替え＆寝る準備
20:00	いったん妻にメイン担当をバトンタッチ、僕はサウナに行く（これだけは譲れなかった……）
21:30	帰宅
22:00	この時間帯で赤ちゃんが寝ていたら妻と一緒にNetflixなんかで映画を見る
23:00	とは言え僕も妻もすぐ眠くなるので僕は赤ちゃんと一緒に別室に移動して就寝
	以降3時間毎の授乳（冷凍母乳）、オムツ交換、泣いた時にあやすなど
6:00	夜明けの光が入って来ると共に赤ちゃんがハッキリ目を覚ますので一緒に起きてあやしたりなど
8:00	赤ちゃんを抱っこしてリビングに移動
	以降1か月繰り返し

という感じです。言っちゃあなんですけど、昼間普通にコワーキングスペースで働きつつ、夜間の担当もバリバリやってた事については「**あれは僕、偉かったな〜**」って自画自賛しております。

もちろんお義母《かあ》さんお義父《とう》さんのご協力あってのものですが、これがあったからこそ妻とお義母さんの「ヨッピーさんがあんなにちゃんと育児をするとは思わなかった」という発言に繋がったのではないかと。ただし体力的にはかなりキツかったです。

しかしながら「キツい」とは言え元々睡眠時間が短いタイプなので赤ちゃんの横でウツラウツラ寝ているだけでも割と日中元気に動けましたし、毎日通っていたサウナのおかげでそれなりにリフレッシュも出来ていたのでなんとかなったような気がします。

それもこれも僕が「もともと体力があるタイプの人間」だったからです。

そうです。**今からでも遅くないので、体力をしっかりつけておきましょう。**

前節の「家事を極限まで圧縮する」をこなしておけば、恐らく赤ちゃんが生まれる前に1日あたり2時間くらい新しく時間が作れるようになっているはずです。この時間を使って自分自身を育児向けに改造していくのです!!!!

HACK 体力をつける

ミもフタも無い話ですが、1に体力、2に体力です。これは育児だけではなく、ありとあらゆるタスクと密接に絡みます。家事も仕事も根幹に来るのはこの「体力」なのです。

僕はライターとしてそれなりに長いキャリアになってきましたが、いわゆる「売れっ子」と呼ばれるライターの人達で、「土日まるまる寝ないと回復しない」みたいな、体力が無いタイプの人をひとりも知りません。いや本当に。

なんとなく、根暗でサブカル好きで、ガリガリに痩せてて夜型の生活をしつつ高円寺に住んでいるような人がライターになるイメージがありますし、実際そういうライターの人も多いのですが、「売れっ子」と言われるような人でこのタイプの人は本当にいないんですよ。作家はまたちょっと別でこういうタイプで売れている人もいますが。

※余談ですが「作家」と「ライター」の違いについて書いておきます。僕が勝手に決めた定義で「割としっくり来るな!」と思っているものがあるのですが、「**自分の事を書くのが作家、他人の事を書くのがライター**」という言葉です。

つまり、作家は事実関係の裏取りや全体の構想を練るために取材をすることもあるとは言え、基本的には自分の中にあるキャラクターや物語、自分自身について書くのが仕事です。

それに対してライターはあちこちに取材に行ったりインタビューしたりして、その出来事を書くのが仕事です。つまり、**ライターは必然的に色んな人と関わりながら仕事をします。**作家は究極、誰とも会わなくても作品を書けますが、ライターは不可能。ですので他人と関わりたくないという人や、あちこち行く体力も無い人はライターには向いてない。余談終わり。

少なくとも僕が知ってる売れっ子のライターさん達は「体力があるタイプ」で、だいたいみんなじっとしてるのが嫌いであちこち飛び回ったり遊び歩いているような人ばかりです。サラリーマンでも出世する人は割とこのタイプなのではないでしょうか。そもそも持ってるエネルギーがデカい、というような。

ですのでこの機会に基礎体力をつけましょう。育児以外にも、体力をつけることは仕事にも遊びにも良い影響を与えるはずです。ちなみに僕は妊娠が判明した時点から体力作りを開始しております。妻も巻き込んで。

家で体力をつける

おすすめなのは家で出来る運動を日課として少しずつでも毎日取り組む事です。洗濯機の話の時に「動線を効率化しよう」という趣旨の事を書きましたが、**運動でも動線が大事になるのは同じです。**

「運動する」となるとみんな近所のジムに入会して、最初だけせっせと通いつつも、だんだん億劫になって会費だけ延々払っている、みたいな事態になりがちです。どうしてそうなるのでしょうか。前述の「動線」の考え方でジムでの運動を考えてみます。

皆さんもこんな感じで行動するのではないでしょうか。

1　リュックに靴や着替え、タオルなんかを詰める
2　ジムに行く
3　運動する
4　ジムでシャワーを浴びる
5　着替えて家に帰る

ね？　こんな感じですよね？　**要するに面倒臭いんですよ。**ジムで30分運動するために、前後の準備と移動に30分かけていたら大変効率が悪いです。でも自宅で運動するパターンならパジャマのままで運動しても良いわけですから、

1　Nintendo Switchの電源を入れる
2　運動する
3　シャワーを浴びる

くらいで済みます。30分の運動に対して前後の準備は5分で終わりますね。それに家の中で済ませれば雨が降ってようが暑かろうが寒かろうが一切関係ありません。ですので家の中で運動しましょう。断捨離が済んでいれば運動するスペースもあるはずです。その時におすすめのものをアレコレ紹介します。

■Nintendo Switch

「運動が出来るゲーム」って実は結構あります。Nintendo Switchなら「リングフィット アドベンチャー」や「フィットボクシング2」「Zumba® de 脂肪燃焼！」などなど。僕のおすすめは「Zumba® de 脂肪燃焼！」です。踊るだけとは言えめちゃ体力を消耗するZumba®を延々やっておりました。

なんなら今でもやっております。慣れるまでちょっとコツが必要なのですが、1週間くらい毎日踊っているとだんだんわかってくると思います。

■リングフィット アドベンチャー

リング状のものをえっちらおっちら引っ張ったり押しつぶしたりして頑張るフィットネスゲーム。どちらかというと筋トレ寄りのゲームですが、「カスタムモード」で有酸素運動を多めに入れれば基礎体力作りにも使える！

© 2019 Nintendo

■フィットボクシング2

ボクシングを題材にしたフィットネスゲーム。こちらはリングフィット アドベンチャーと違って有酸素寄り。ただし運動強度はそこまで高くなく、慣れていくうちに物足りなくなってきた。日頃あまり運動しない人にはおすすめかもしれない。

■Zumba® de 脂肪燃焼！

日本ではセガが販売しているコロンビア産ダンスのゲーム化です。「ダンスの判定が謎」「慣れるまでとっつきづらい」という難点はあるものの、30分踊るとけっこう汗だくになるし、踊っているうちに楽しくなってくるので僕のイチオシです。世界中で人気のスーパーインストラクターと踊れるのはZumba®だけ！

■YouTube

そしてYouTubeには色んな人がヨガやピラティス、筋トレその他の動画をたくさんアップしていますので、好きなインストラクターを探してそれを見ながら真似するのを日課にするのが良いと思います。

ただしこういう動画ってゴロゴロ出てくるのはちょっとセクシーな感じの女性インストラクターなので、男性におかれましては夜な夜なこういう動画を見て運動する事で奥さんから変な目で見られないように気をつけましょう。

■ビリーズブートキャンプ

一世を風靡したやつですが、運動強度はたぶんこれが一番キツいです。正直僕は途中で離脱しました。マジでキツすぎて死ぬかと思った。ただ大学までスポーツやってた、とか普段力仕事してる、みたいに体力がそもそもめちゃある人はこれに手を出しても良いと思います。本当に殺されるかと思うくらいに追い込まれるけど。

そんな感じでせっせと家で運動していたのですが、ジ

ムに通っていた頃に比べて明らかに継続出来ております。今でも息子を保育園に送ってから30分ほどZumba®を踊っていますからね。

ちなみに妊娠中の妻も、医者と相談しながらではありますが「今のうちに体力つけなきゃ！」という事で僕がお尻を叩きつつ一緒に運動したりもしておりました。マタニティヨガレッスンに行ったりもしてましたね。今では僕ばっかりで妻はめっきりやらなくなりましたが……。あの野郎……。

ただし、妊娠中はくれぐれもお医者さんと相談しながらにしてください。軽い運動なら推奨するお医者さんがほとんどだと思いますが、切迫気味になると絶対安静ですので。

運動する時間は朝イチ、もしくは寝る前くらいが良いのではないかと思っています。「朝イチ」のパターンで良い点は、朝運動するとその日一日代謝が良くなることです。僕の場合、朝運動した日としていない日で比べると、朝運動した日のほうが明らかに汗っかきになります。ただしデメリットもあって、朝イチに運動するとお昼ご飯を食べたあとくらいから強烈な眠気が来ます。

その場合は15分くらい仮眠を取っちゃっても良いと思います。くれぐれも寝すぎないように！（夜の睡眠に影響しちゃうから）

そして夜運動するパターンです。子どもを寝かしつけて、お風呂に入る前の時間なんかが良いでしょう。30分運動してお風呂に入ってから寝床に、みたいなルーチンにすると、ちょうど良い具合に眠気が来ます。

この、「毎日運動する」という習慣は、後述する「睡眠の質」にも繋がってくるので、ぜひとも取り入れてください！

習い事で体力をつける

次はこれです。実を言うと家で運動する以外にボクシングも習っていて、週2ペースくらいで通っております。確かに家で運動するのに比べて準備したりジムに行ったりするのが面倒臭くはあるのですが、これがなかなか楽しいです。

ちょうどテレビで俳優の妻夫木聡さんも「ボクシングやってる」と言っていて、妻夫木さんは「**ジムでウェイトトレーニングをするのは飽きる**」とも言っていたのですが、「ほんとそれ！」って思いました。ジムの運動って、暇だし飽きるんですよ。

もちろん力がついてきて「50kgのダンベルが持てるようになったぜ！」みたいな事はあるかもしれませんが、45kgが50kgになったところで正直あんまり実感がありません。数字が増えるだけのことなので。

要するにウェイトトレーニングは「成長した！」みたいな実感に欠けるんですよ。僕はジムにも通いましたし、パーソナルトレーニングにも通った事がありますが、結局のところ家で運動したり、ボクシングを習ったりするほうが確実に性に合ってたな、と思います。習い事は出来ることが目に見えてどんどん増えていくので。

ですので変な機械をガッシャンガッシャンやるくらいならサンドバッグをぶんなぐってたほうがストレス解消にもなるんじゃないかと思います。

別に習い事はボクシングでも総合格闘技でも、ダンスでもなんでも良いんですが、マシンをガッシャンガッシャン動かすより何かしらのスポーツを習ったほうが楽しめるのではないかと思います。友達も増えるだろうし。ただし都市部じゃないとなかなか難しいかもしれません。

ちなみに僕がボクシングを習いはじめた理由なんですけど、ひとつは「友達に誘われたから」で、もうひとつは「**子どもに舐められないように**」です。

※以下余談です。

ひとり目が男の子なので、ひょっとしたら反抗期からゴリゴリのヤンキーに進化して、「このクソ親父!」とか言いながら殴りかかって来る日が来るかもしれないな、と思っており、その際にサクッと返り討ちにするくらいの腕っぷしが無いと舐められるな、と思ったんですよね。だって親が子どもに舐められて良い事なんてマジでこれっぽっちも無いじゃないですか。

まあ習うのは別に格闘技じゃなくても良いんですけど、子どもの遊びに付き合うだけの体力が欲しいとか、子どもに尊敬されたいとか、なんでも良いけど何かしら体を使う習い事のひとつくらいはやってても良いんじゃないかと思います。ただし、くれぐれも土日を潰すような習い事はしないように。やるなら平日の夜出来るようなものを探しましょう。

日常に運動を取り入れる

これもジムに通うよりはよっぽど継続出来るな、と思っています。これが一番実行までのハードルが低いかもしれません。貴方の日常生活を「なるべく体を動かしながら過ごす」という事です。具体的には、

- 1駅手前で降りてあとは歩く
- エスカレーター・エレベーターを使わない
- 自転車通勤する
- タクシーに乗らない

などなどです。以前サラリーマンをしていた頃、満員電車が嫌すぎてこっそり自転車通勤していたのですが、バイクを買ってからはバイクで通勤するようになりました。そうすると体重がモリモリ増えたのです。

自分自身では生活を何も変えていないつもりなのに、体重がやたらと増えていくので「おかしいなー」と思っていたのですが、考えてみたら自転車通勤をバイク通勤に変えてから体重が増えている事に気付くわけです。

当時は家から20分くらい自転車を漕いで会社に行っていたのですが、往復にすれば40分漕いでいる事になります。サイクリングの消費カロリーは40分で280kcal程度、ご

飯をお茶碗に一杯分です。毎日ご飯1杯分余計に食べているのと同じで、それが積み重なるわけですから「そりゃあ太るわ」という感じですね。

というわけで普段電車通勤している人が、エレベーターやエスカレーターを使わず（もちろん自宅マンションでもですよ！）、1駅早めに降りて家まで歩くだけで20分くらいの運動にはなるんじゃないでしょうか。車通勤の人は可能な距離であるなら自転車通勤に変えるだけでもかなりの運動になります。

もちろん事故にはくれぐれも注意する必要はありますが、こういう具合に日常生活に運動を取り入れるパターンだとあれこれ準備する必要もありませんので、かなり始めやすいのではないかと思います。とにかく運動しましょう！

HACK

「睡眠」を最適化する

そして次は睡眠です。これを効率化しましょう。赤ちゃんが生まれるとどうしても睡眠不足になります。これは夜間の育児をまるっと外注しない限り、「絶対にそうなる」と言い切れるものです。

それなのに睡眠ってめちゃくちゃ重要で、睡眠不足の状態が長期間続くと心身を確実に蝕んでいきますし、産後鬱はこの睡眠不足をトリガーにして引き起こされる事もたくさんあります。ですのでなんとか睡眠時間は確保するように努力しましょう。

ただし、「睡眠時間の確保」とひとくちに言っても、1日4時間の睡眠で元気な人もいれば、1日10時間寝ないとしんどい、という人もいます。そして育児にとって有利なのは間違いなく「1日4時間でも元気な人」です。その分だけ時間をたくさん使えるので。

そこで一度「睡眠の質」について考えてみて欲しいのです。睡眠の質をあげれば、10時間寝ないとつらかった人が、6時間で元気に動けるようになったりします。

これは実例なのですが、僕が通っている美容院の美容師さん(女性)が、先ほど言ったような「お休みの日は丸々寝ていないと体力が回復しない」というタイプの人で、「ひょっとして……？」と思った僕は美容師さんに睡眠環境について聞いてみました。その美容師さんの睡眠環境はこんな感じです。

- 1K広めの家で彼氏と同棲中、寝る時はダブルベッドでふたりで寝る
- ただし彼はサラリーマンで生活サイクルが違うため、就寝時間も起床時間もお互いに違う
- そのため、彼氏が起きる時に一緒にアラームで起きてしまうが、美容師さんはそのままベッドで二度寝する
- お休みの日に寝ていても彼氏が何かしている物音でけっこう目が覚める

というものでした。当たり前ですがこれでは睡眠が細切れになり、質の良い睡眠を得る事が出来ません。

そこで僕は、普段愛用しているFitbit的な腕に巻くタイプのアラームを装着することを推奨して、彼氏には目覚ましではなくそのバンドの振動で起きてもらうようにすること、出来ればダブルベッドではなくシングルベッドを2台並べてそれぞれで寝ること、吊るしたバスタオルなどで部屋の中の明かりを遮断して、寝ている顔に光が当たらないようにするかアイマスクを着用すること、耳栓がつらくないのであれば耳栓をして寝ること、などを提案しました。それらを実行して頂いたところ（シングルベッドを並べるのは間取り的に無理だったそうですが）、「**めっちゃ疲れが取れるようになった！**」と喜

んでおりました。
結局、良質な睡眠をとらない限り体力も回復しないのです。ですので、皆さんも「育児中も質の良い睡眠」をとるために寝る環境を改善していきましょう。睡眠を制するものは、育児を制するのである！（今僕が考えた言葉）

●睡眠に適した間取り

「子どもが出来た！」「今の家だとちょっと手狭かも！」「確かに！　まあ生まれてから考えるか！」**これはダメなやつです。**

妊娠が判明して、安定期に入ったぐらいで引っ越しを考えましょう。もちろん今の間取りでじゅうぶん、みたいな家に住んでいるのなら良いのですが、夫婦ふたりとなると1LDKくらいの間取りに住んでいる人もけっこういるんじゃないかと思います。

しかしながら赤ちゃんが生まれると絶対に手狭になるし、1LDKで夫婦と赤ちゃんが一緒に生活するのはけっこう大変です。「**隔離された寝室**」を1部屋用意出来るかどうかがカギになってくるからです。

前述の通り、僕は赤ちゃんが生まれた直後の新生児期は妻の実家に里帰りしており、夜間の育児は僕が担当していたのですが、妻がゆっくり寝る部屋と、僕と赤ちゃんが一緒に寝る部屋を分けていましたし、今も「子どもと寝る部屋」と「親のどちらかがひとりで寝る部屋※」は完全に分けています。これはつまり、「**睡眠不足になるのはひとりで良い**」という考え方です。

※すみません、ふたり目が生まれて子どもが朝までぐっすり寝るようになった今では、僕だけがひとりの寝室で寝るようになりました。「イビキがうるさい」というクレームや、僕の眠りが浅くて赤ちゃんと同室で寝るとどうしても覚醒しちゃうので……。

とにかく、夫婦と赤ちゃんが全員同じ寝室で寝たら、夜間の授乳におけるガサゴソした音や夜泣きでふたりとも目が覚めてしまうので、夫婦共に睡眠不足になりがちです。しかもこれが延々続きます。その結果ふたりとも病んでしまったらけっこうピンチです。病むなら病むで、ふたりが病むよりひとりだけ病んでいるほうがまだマシです。

これを回避するために、**夜間担当ではないほうの人は別室でぐっすり寝て睡眠不足になるのを防ごう**、という趣旨で寝室を分けました。ですので里帰りが終わって東京の家に戻ってからは、夜間は妻と交代で担当する制度にし、その日担当じゃない人は別室でぐっすり寝る、という仕組みにしたのです。ちなみに我が家は3LDKです。「家事」のところでお見せした通り、1部屋は僕がグッチャグチャにしているので実質2LDKだけど。

これによってその日の夜、赤ちゃんが夜泣きして対応に追われても、少なくとも次の日はぐっすり朝まで寝られます。育児は「赤ちゃんから離れる時間をいかに工夫して作るか」が病まないコツ、よく寝るコツなのです。

これが1LDKで育てるとなると、寝室をふたつ用意するのは難しくなりますし、そもそも赤ちゃんが増えると荷物もめちゃくちゃ増えます。オムツやお尻ふきのストックにベビーカーに車に載せるベビーシート、オモチャや服なんかもたくさん。

ですので最低でも2LDK〜くらいの家に住む事をお勧めします。しかし冒頭でも言った通り「まあ、つらくなった時に引っ越せばいいか」などと思っていると、手のかかる赤ちゃんを連れて不動産屋を巡って物件を内見し、契約までたどり着いても

そこからの引っ越し作業を小さい赤ちゃんを抱えて実行するのは相当な負担です。

ですので生まれる前から、前もって余裕を持った間取りの家に引っ越しておきましょう。お金はかかりますけど……！

寝具を揃える

寝具、つまりはベッドと布団、枕です。これは良いやつを買っておくと良いです。とは言えベッド選びって難しくて、「結局何を買えば良いんだ？」となるのでちょっと語らせてください。何故なら、僕も「結局何を買えば良いんだ？」となってあれこれ人に聞いたり死ぬほど調べたり体験会に行ったりしたからです……！

ポケットコイル式かウレタン式か

まず、ベッドを選ぶ時に念頭に置いて欲しいのが、「**結局は好みである**」という部分です。これがデカい。ですのでマットレスがポケットコイル式なのかウレタン式なのか、あとはすのこなのかとか色々ありますけど、最終的には自分にとってフィットするのが一番、というもので、だからこそややこしい、と言えるわけです。ウン十万する高いベッドより、**安いすのこタイプに布団敷いて寝るほうが安眠出来るわー**、みたいな人もいるのでこればっかりはなんとも言えません。

しかしながら一応、基準となる考え方もあるので書いておくと、基本的にポケットコイル式のものが高級で良いものとされていて、良いものになればなるほどコイルの数が増えます。多くのコイルで体重を分散するから負担が減って快適である、みたいな理屈ですね。

ですのでいわゆる高級ホテルのベッドはだいたいこのポケットコイル式でコイル数も多いメーカーのものが選ばれております。有名どころだとシモンズ、サータ、日本ベッドなど。

ちなみにウレタン式はポケットコイル式に比べて安価ですが、長年使っているとへタるのと、通気性が悪く熱がこもりやすいので僕はあんまり好きではありません。とは言え、「最終的には好み」が結論なので「これが良い！」と断言出来るものはあんまり無いのが難しいところ。色んな展示会なんかに出かけて自分にぴったりハマるベッドを探しましょう。ちなみに体がデカい、僕みたいなタイプの人は腰回りが柔らかいと腰に負担がかかるので硬めのものを選ぶのが良いです。

遮光カーテン

そして次は遮光カーテンです。遮光カーテンを駆使して寝室に一切光が入らないようにしてください。「一切」です！　とにかく隙間が出来ないようにしてお部屋を真っ暗にしてください。

たいていの人は朝日よりゆっくり起きると思うのですが、お部屋が明るくなるとスヤスヤ寝ているつもりでも脳味噌が覚醒しはじめます。つまりは眠りが浅くなります。ですので寝る部屋は日中でも光が入らないような環境をなるべく構築してください。その環境を構築するのが難しい人は、アイマスクなんかを使うと良いです。

朝日を浴びる

「部屋を真っ暗にしろ！」などと言っておいて恐縮ですが、目覚めた時に朝日を浴びることで体内時計がリセットされ、「メラトニン」という眠くなるホルモン物質の分泌が抑えられてすっきり起きられます。そして朝すっきり起きて太陽の光を目に入れることでメラトニンの分泌を抑えると、逆に夜はちゃんとメラトニンが分泌されて眠くなるようになります。

ここで推奨したいのが自動カーテンでして、いわゆるIoTデバイスの一種で、設定した時間になると自動でカーテンを開けてくれます。朝、起きる時間にセットしておけば、目覚めると同時に朝日が目に入ってくるようになりますので、これも使っていきましょう。

頭寒足熱

よく言われる「頭寒足熱」ですが、これも良質な睡眠をとるために重要なポイントです。冬の寒い時期なんかはエアコンを入れて暖かい部屋で寝る人も多いかと思うのですが、それだと頭部も暖かく、熱をもったままになるので、通気性の良い枕を使って頭部をなるべく冷やしましょう。頭部を冷やす事で脳がゆっくり休息を取る事が出来ます。

最近では「ブレインスリープ ピロー」なる、「通気性の良い枕で頭を冷やしてぐっすり寝られる！」みたいな商品も出ていて、そういう商品がバカ売れするぐらいに頭部を冷やす事は大事なんだそうです。ですのでお部屋全体を暖める場合も、低めの温度にして、頭部は冷やす事を意識するとグッド！

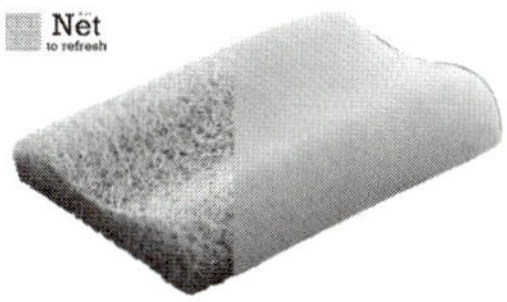

こっちは西川睡眠ラボの「Netヘルシーピロー」。こちらも頭部の熱ごもりを防ぐことを売りにしている。

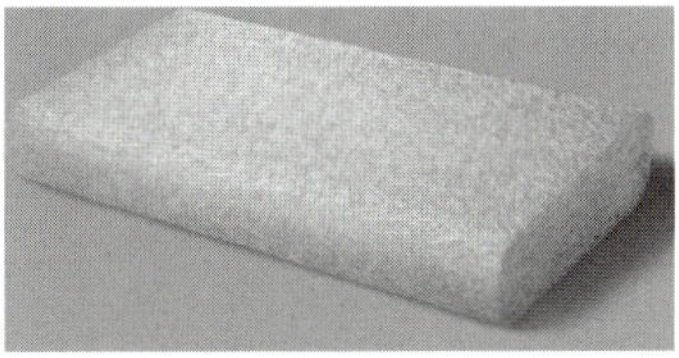
最近流行っているブレインスリープ ピロー。高いが、その分期待出来そう！

運動をする

これは前項で推奨しているので割愛。日常生活に運動を取り入れるなり、家で運動するなりして毎日何かしらの運動習慣をつけましょう。ちゃんと運動する事で眠りの質も上がる!!

寝る前にカフェインをとらない

コーヒーなんかはカフェインのイメージがあるので、寝る前に飲まないようにしている人も多いかもしれませんが、緑茶やウーロン茶なんかにも立派にカフェインが含まれています。

ですのでお風呂上がり、寝る前にお茶を飲む習慣がある人は水分補給の観点では正しいのですが、その際にカフェインが入っているお茶を飲むと当然覚醒してしまい、眠りが浅くなります。ルイボスティーや麦茶などカフェインの入っていないお茶を飲むようにしましょう。僕はけっこう前からカフェインレスな生活を送っております。

アルコールを控える

寝る前に晩酌をする人も多いんですが、アルコールは睡眠の質を下げるのでなるべく控えましょう。更に、アルコールを体内で分解する過程でおしっこが近くなるのに喉がカラカラ、みたいな状態になりがちなのでしょっちゅう目が覚めたりもします。

たまに「お酒飲まないと寝られないんだよ！」みたいな人もいますが、こういう人こそお酒を控えてください。寝酒が習慣化すると**依存症に陥る可能性が高くなりますよ！**

もちろん付き合いもあるし、自分の楽しみとして飲む事もあると思いますが、そういう時は寝落ちするレベルまで深酒をしない事や、お酒を飲んだ後は水分・電解質補給飲料やスポーツ飲料などで水分補給してから寝る事を意識すると少しマシになります。

先ほども言ったように、お酒をたくさん飲むとアルコールの分解に水分を使う上、利尿作用によって体は水分を排出しようとする、ということから「喉はカラカラなのにやたらとトイレが近くなる」みたいな現象が起こります。しかしこれを防止しようとお水やお茶を飲むと体液の濃度が下がってしまい、そのバランスを保つために体が余計に水分を排出しようとして結局おしっこが近くなる、結果的に脱水気味になる、みたいな事象が起こるリスクがあがります。

その点、お茶やお水に比べて水分・電解質補給飲料やスポーツ飲料は体液に濃度が近いので体内から排出されづらく、脱水を防ぐ事が出来ます。ですのでお酒をよく飲む人は家に常備しておきましょう。

●寝る2～3時間前にゆっくりお風呂に入る

そして就寝直後から深い眠りに入るためには、就寝2～3時間前までにお風呂にゆっくり浸かり、温まって深部体温を上げておきましょう。「深部体温」は脳や臓器など体の中の温度で、この温度を上げるとその後90分～2時間程度かけてまたゆっくり下がっていき、その過程で眠くなるそうです。

眠くなると手足がポカポカしてきたりしますが、これは体が手足から放熱して深部体温を下げ、寝る準備をしていることの現れです。深部体温を寝る時にしっかり下げるために、その2時間ほど前にゆっくりお湯に浸かってきっちり深部体温を上げておきましょう。

入浴の際は、「40度のお湯に15分程度浸かるのが良い」とされています。ちなみに僕は異常な銭湯好きで毎日銭湯に通っているのでこの辺は楽勝でクリアしていますが、家で入浴剤なんかを駆使するのも全然アリだと思います。

■バブ　メディキュア

花王の「バブ　メディキュア　ほぐ軽スッキリ」。高濃度*2炭酸で、疲労回復・腰痛に効く！　店頭で買える普通の入浴剤に比べるとビッグサイズ*2で、泡の量が多いのが特徴。ポカポカ感も持続！　ただしちょっとお高め。

*2　比較対象：花王バブゆずの香り

■草加健康センターの「救養草」

大好きなサウナのある草加健康センターの薬草風呂が家庭で楽しめる！

バブ　メディキュア
ほぐ軽スッキリ

救養草

HACK

「休息」について知っておく

睡眠の次は「回復手段」です。肉体的な疲労の回復手段は1にも2にも睡眠で、前項でも言った通り体を回復させるためにも「良質な睡眠」が大事なのですが、一方で精神的な疲労、つまりはストレスを解消する方法を自分で知っておくのも大事です。

10時間あればゆっくり寝てストレス解消って感じでも良いのですが、2、3時間くらいのちょっとした時間が出来た時に、好きな事をして自分のストレスを解消する事を意識しましょう。

例えば僕の回復手段はこの本でも何度か触れている通り、明確に「銭湯」や「サウナ」です。これは結婚前から、かれこれ十何年も続いている習慣なのですが、僕は銭湯やサウナに行くのが好きで、ほぼ毎日行っております。赤ちゃんが生まれたての新生児期も「これだけはお願い！」という事で妻に了承を得て元気よく毎日サウナに出かけていました。何せ妻の実家がある熊本には「湯らっくす」という最高のサウナがあるので……。

僕は「週に8回銭湯・サウナに行く」などと公言しており、これは昼間サウナの休憩室で仕事をして、いったん家に帰ってご飯を食べて子どもをお風呂に入れてからまた銭湯に行く、みたいな事をするからです。一度「本当かよ」などと言われたので「ちゃんと数えてみよう」と思って数えてみたらその週は9回行っていました。行きすぎ。

僕の場合は体の疲れも脳の疲れも、サウナに入る事ですっきり爽快、睡眠の質も上がる、頭の中が整理される、新陳代謝が活発になって風邪もひかなくなった、一瞬で眠くなるって感じなので本当に毎日行きます。逆にサウナに入らないと翌日の朝、体が重い気がして嫌なのです。

この「サウナ」の良いところは往復の時間を入れても90分くらいでそれほど時間を取られないこと、あとは1回あたり1,000円くらいで済むので、僕みたいに毎日行くとなるとあれですが、たまに行く程度ならそこまで金銭的な負担は重くないことです（飲みに行くのに比べたら激安ですよね）。

ちなみに、新型コロナウイルスが世に出回って、1度目の緊急事態宣言が出た頃、「家にお風呂がある人は銭湯に来ないでください」みたいな通達が出ました。スーパー銭湯も営業を停止するところがゴロゴロ。

蔓延防止のために仕方ない事ではあるのですが、僕はそれを律儀に守り、十何年続いた毎日サウナに行く生活を自粛する羽目になったのです。

本当は「こっそり通おうかな」なんて思ったりもしたのですが、僕はインターネット上で「銭湯の神」を名乗っていて、行った銭湯で「ヨッピーさんですよね？」って声をかけられたりすることもあるので、SNSで「ヨッピーが自粛せずに銭湯きてたぞ！」って言われそうな気がするし、叩かれるのも嫌なので渋々銭湯通いを諦めたのです。

しかしながら銭湯通いをやめたとたん、マジで体に不調が出ました。具体的には不眠・胸のつかえ・なんとなく気分が晴れない、などなど。

僕は基本的に家にいるのが嫌いでなるべく外に出て行きたい人間なのに「ステイホー

ム！」で家にいる事を余儀なくされ、取材や出張、イベントなんかの仕事は無期限に延期、仕事も無いのに家にいて銭湯にも行けない。

しかたないから家に籠ってひたすらNetflixを見る、みたいな日々が1か月くらい続いたのですが、案の定、夜眠れなくなってしまいました。

更にはご飯を食べる時も食道にモノが詰まっている感じがして大変不快ですし、「これはちょっと怖いぞ」と思ってお医者さんに行ったら「ストレスやね」とひとこと言われたのです。

食道ガンとか大きな病気じゃなかった事には安心しましたが、さすがにその、家に籠り切りの生活にも嫌気がさしましたし、僕の場合はお医者さんから診断もされたので大手を振って銭湯通いを再開する事にしました。もし叩かれても「だって、医者から言われたんだもん！」って言えますし、体調に異変をきたしたとなったらもう僕にとって銭湯は不要不急じゃないから……！

更にステイホームながらも前述の「家で出来る運動」をせっせと毎日やるようにした

のです。そしたらてきめんに症状が治まりました。やっぱりちゃんとメンタルも含めて回復させなきゃいけない。

そんな感じで僕の回復手段はサウナですが、僕の妻はお酒を飲むのが好きなので、子どもを寝かしつけたあとに2本くらいお酒を飲むのがストレス解消になっているようです。睡眠にはあんまり良くないんですけどね！

皆さんにとってはゲームかもしれませんし映画かもしれませんし手芸だったりジョギングだったりするかもしれませんが、とにかく「**自分のストレス解消法は何か**」というのを確立して知っておくと良いかもしれません。

「**趣味がなく、時間があっても何をすれば良いかわからない**」みたいな人はけっこうヤバいと思ったほうが良いかもしれない。

家事を効率化して、出産までのじゅうぶん時間があるうちに、今までやってこなかったことにあれこれ挑戦して、「ハマれてそれほど時間を取られないストレス解消法」を見つけておきましょう。

本当に何もない人は「瞑想」に手を出しても良いかも

しれません。マインドフルネス瞑想はあのスティーブ・ジョブズも実践していましたし、Googleなどテック企業も研修に取り入れております。決して怪しいものではないです。あと、サウナもリフレッシュには本当に良いですよ！

練習しておく

　そして、出産前から病院や自治体が主催する「パパママ教室」みたいなやつに通っておきましょう。沐浴のしかたとか、おくるみのやり方とかオムツの替え方とか、育児にまつわる基本的な動作を学べるような教室がけっこうあちこちで開催されていたりします。正直教えてもらえる事は割と簡単だし「こんなの簡単じゃん」って思うかもしれませんが、父親、母親としての自覚を育むには良いきっかけになると思います。

　それに、地域の新米パパ・ママが集まりますので、パパ友やママ友が出来るかもしれません。近所に同世

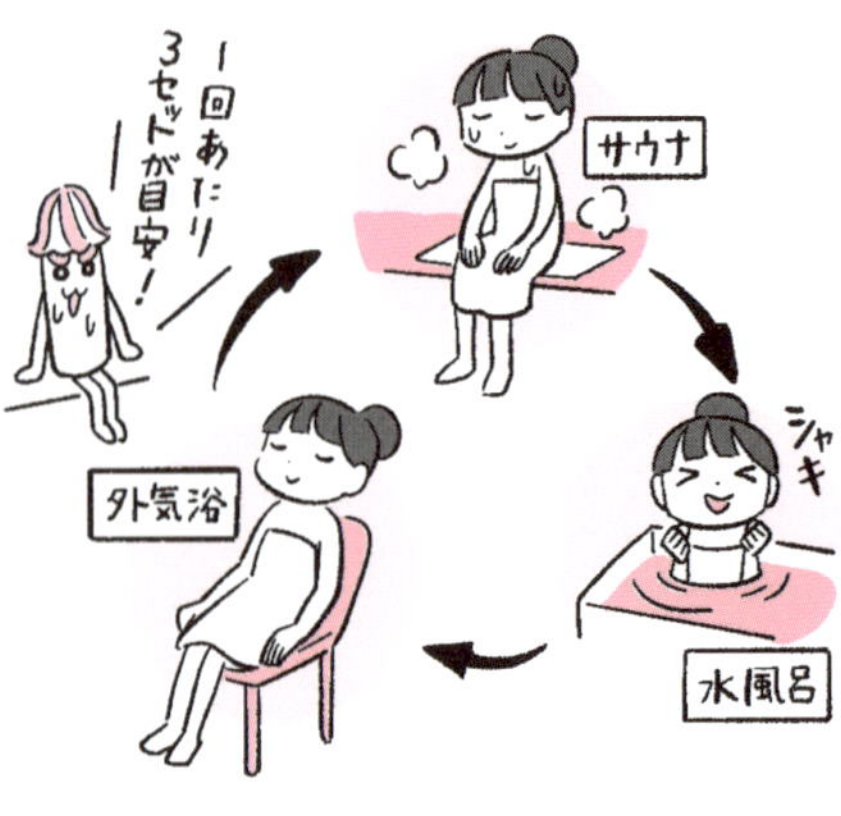

代の子どもを育てる友達がいたら何かと頼りになるし心強くもあるので、なるべく積極的に参加しておくと良いでしょう。

育児本をたくさん読む

更に更に、前もって育児本をたくさん読んでおきましょう。オムツの替え方、抱っこの仕方など基本的な事が書いてある育児本から、ねんねトレーリングやモンテッソーリ教育の本などなど。こういった本を読んでおくことで、「何かあっても、慌てずに済む」という大きな効果を得られます。

育児中は、例えば何をどうやっても泣き止まないとか、母乳が出ないとかミルクを飲んでくれないとか、色んな出来事が起こります。初めての子どもの場合、そのたびにオロオロしたり心配したりしてしまいがちですが、本である程度勉強しておくと、「ああ、本に書いてあったやつだな」「よくあるやつだな」と理解出来て、「どうしよう。何か大きな病気かしら」と慌てたり「育て方が悪いのかな」と病んだりしなくて済みます。「これ、進研ゼミでやったやつだ！」みたいなことです。「これ、本で読んだやつだ！」っていう。

例えば本には「母乳が出ない時はこんな風にマッサージするといいよ」「どうしても出

なければミルクも使ってOK」みたいな事が書いてあって、それを先に読んでおくことで、もし自分があまり母乳が出ない体質でも、「他にも母乳が出なくて困っている人はいる」と思えますし、自分を責めたりしなくて済むようになります。ですのでひととおり、育児の基本は予習して頭の中に入れておくと良いです。

下記は子育ての時にめちゃくちゃ参考にした「ジーナ式」の本。この本の通りにやるのはけっこう大変なので、参考にしつつ要素を取り入れながらやるのが良いのではないでしょうか。

そしてモンテッソーリ教育の本。子どもが散らかしたり暴れたりする事にも全部意味があるんだなー、という事に気付かされます。

どうでしょう。このように、

- 運動習慣を作って体力をつけて
- 良質な睡眠を取れるように工夫して

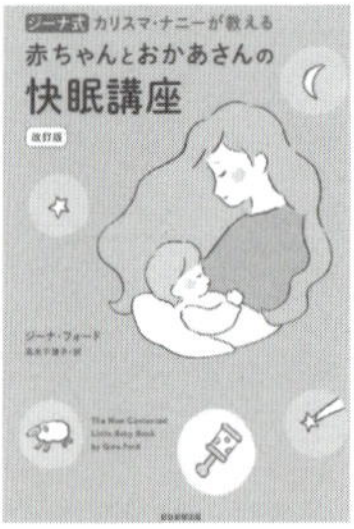

『ジーナ式 カリスマ・ナニーが教える 赤ちゃんとおかあさんの快眠講座 改訂版』
ジーナ・フォード 著
高木千津子 訳
朝日新聞出版

『モンテッソーリ教育の研究者に学ぶ 子育てがぐっとラクになる「言葉がけ」のコツ』
てらいまき 漫画
島村華子 監修
KADOKAWA

・休息の手段を知り
・育児のなんたるかの知識を頭に叩き込んでおけば
「育児に特化した自分」が爆誕するわけです!!

ここまでやれば「疲れた……!」とぐったりしてしまう時間が激減し、そのぶんだけ育児に投入出来る時間をかなり増やせるようになるはずです。それに、この「体力」「睡眠」「休息」あたりは育児だけではなく、仕事や家事にもかなり活きてくるので「バイタリティ溢れるパパ・ママ」みたいな存在になれるのでは? と思っております。

騙されたと思って一度試してみて欲しいんですが、例えば「毎日運動30分」を1か月やってみるとしましょう。

最初のうちは「何これ! めちゃしんどい!」と思うかもしれませんが、2週間続けると最初のしんどさを10としたら5くらいに減っていると思います。1か月経つとたぶんしんどさが3くらいになっている。

それだけ「体力がついた」という証拠だし、それくらい体って簡単に順応するので、子どものためにも、自分の健康のためにもまずは1か月頑張ってみてください!

「頼れる人」を増やしておく

そしてここからは、

1　人員を増やす

2　ひとりあたりの投入時間を増やす

のうち「1」の「人員を増やす」に該当するものです。頼れる人をたくさん集めておきましょう。関係性の良い身内（親や親戚など）はもちろん、身のまわりの使えるものは全部使っていきましょう。

ファミサポや家事代行、ベビーシッターなどに登録しておく

家事代行は出産前から使い始め、自分の家に合う代行会社・代行さんを探しておきましょう、という事は書きました。それと同じく、ベビーシッターも登録がちょっと面倒臭かったり、合う・合わないがあるので、何かあった時のためにお試しで一度くらい使っておくのが賢明です。

民間がやっているシッターサービス以外にも、「ファミリー・サポート」（以下ファミサポ）という制度があったりします。

■中野区ファミリー・サポート事業

活動内容

一般援助活動

・料金：月～金曜日の平日 1時間800円　土・日・祝日・年末年始 1時間1000円
・保育園、幼稚園送迎、学童迎えとその後の子どもの預かり。
・保護者の短期、臨時就労時の子どもの預かり。
・保護者の冠婚葬祭、学校行事の場合の子どもの預かり。
・リフレッシュ等保護者の外出時の子どもの預かり。
（宿泊を伴う預かりはできません。活動にかかった交通費、食費等の実費は利用会員が負担します。）

特別援助活動

・料金：一律　1時間1200円
年会費：3000円　年度更新あり。児童育成手当受給世帯は半額1500円。
（年度途中での入退会の減額、返金なし）
・時間：
病気の子ども
月～金曜日　8時00分～18時00分　土曜日　8時00分～12時00分
健康な子ども
月～日曜日　6時00分～24時00分
（日曜、祝日、第3月曜日、年末年始は病児不可）
・病気のこどもの預かり
・保育所等から呼び出しを受けるなど、緊急時の病気の子どもの迎えやその後の短時間預かり。
・緊急時の健康な子どもの預かりや送迎。
（宿泊を伴う預かりはできません。病児保育は受診後、医師より在宅での保育が可能との指示が必要。病児は生後6か月～小学6年生までに限ります。）

出典：中野区子育てサイト「おひるね」　ファミリー・サポート事業（病児保育も実施）
https://www.city.tokyo-nakano.lg.jp/kosodate/kosodatesite_ohirune/mokuteki/ichijihoiku/azukari/familysupport/familysupport.html

こちらは僕が住んでいる東京都中野区のファミサポの内容ですが、ご覧の通り平日1時間あたり800円という激安価格で子どもを預かってくれたりします。

ファミサポは自治体によって制度が違ったり、そもそもそういう制度が無かったりしますので居住地＋ファミサポで検索して事前に調べておくと良いと思います。しかしながらファミサポを利用する際は事前登録が必要で、「どうしよう！　急に子ども預けなきゃいけなくなった！」みたいなタイミングで慌てて申し込んでも対応してくれないので、これも今のうちに登録しておきましょう。

シッターサービスの紹介

■**ポピンズシッター**

■**キッズライン**

こども家庭庁のベビーシッター割引券対応。どちらもマッチングサイトみたいな仕組みになっていて、時間あたりの金額が人によってかなり変わるので自分の地域にどういうシッターさんがいるのか事前に調べておこう。都会じゃないとなかなかマッチしないかも。自治体によっては補助なんかもあるので、「住んでいる地域＋ベビーシッ

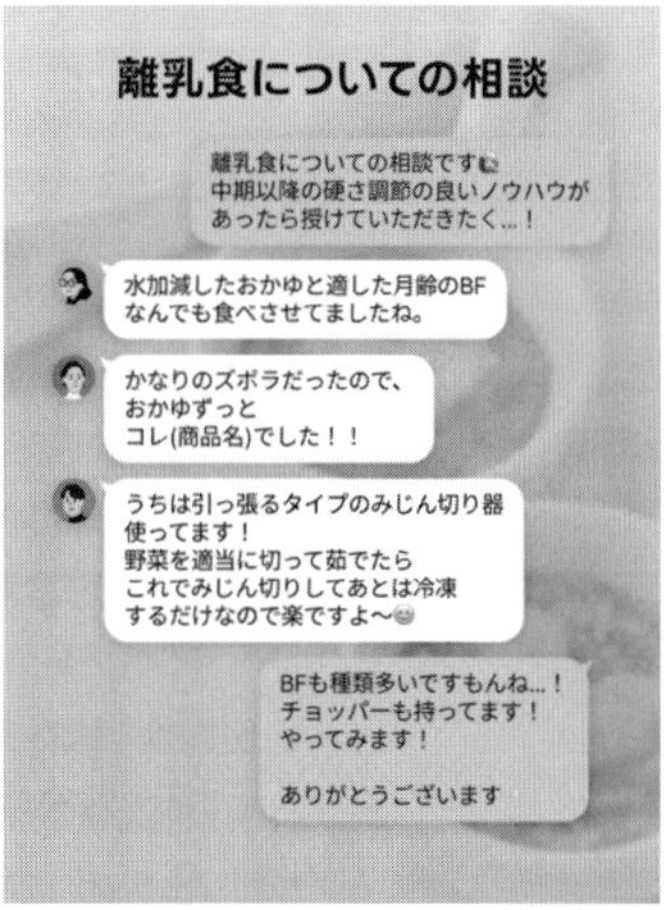

「ぴよぴぴ」内のやりとりのイメージ図。※LINEヤフー社提供　本当に治安が良いのでいつも感心しております。

ター」などで検索して調べておくとグッドです！

あとは「住んでいる地域＋ママ会（パパ会は全然ないのが悲しいのですが）」とかで検索すると定期的に集まっているグループが見つかったりするし、X（旧Twitter）でいわゆる「ママ垢」を作ったり、僕が主催しているLINEのオープンチャット「ぴよぴぴ」とかに入るなど、インターネットを駆使してコミュニティを広げるのもおすすめです。

自分で言うのもあれですが、「ぴよぴぴ」ではいつも何かしらの相談ごとが投稿されて活発にみんなで相談し合っていますし、ぜんぜん荒れていなくて治安も良いのでおすすめです！

なんせ僕、この「ぴよぴぴ」を作ったことでLINEオープンチャットの公認アンバサダーに選ばれましたからね。とにかく相談出来る先はたくさん作っておきましょう。

COLUMN

「育児」は「交代する」のが大事

さてさて、「回復する手段を知っておくことが大事」ということは書きましたが、24時間ずっと働きづめで生きていける人間なんていないので、適度に休憩する事はどう考えても大事です。そこで、育児における「休憩」の概念について書いておきます。

例えば、世の共働きの家庭のうち、一番多いであろう「**家計の大黒柱を夫が担い、家事育児の大黒柱を妻が担う**」みたいなパターンを考えます。旦那さんがフルタイム正社員で働きつつ、奥さんはパート勤務、みたいなパターンですね。

ちなみに既婚者世帯のうち、共働きは今や7割ですが、「妻もフルタイムで働く正社員」というケースはうち3割程度とのことなので、やはりボリュームゾーンは「旦那さんがフルタイム正社員、奥さんがパートもしくは時短勤務」という世帯なのではないでしょうか。

もちろん奥さんも働いているわけですから夫側も家事育児にコミットする事を求められて当然なのですが、手伝っているつもりでも、「旦那がオムツを替えたくらいでイクメン気取りしててうざい」みたいな声がSNSなんかでよくあがります。

この場合、家事育児のメイン担当は奥さんなので旦那側はどうしても「手伝う」みたいなポジションを取ってしまいがちだし、そのことは仕方ないよなぁと思ってもいるのですが、この「手伝い方」をわかっていない人がけっこういるな、と思っています。

これは実際に子どもが生まれたらわかることなんですけど、**実は育児ってひとつひとつは全然大変じゃないんですよ。**

オムツを替える、ミルクをあげる、着替えさせる、お風呂に入れる、などなど、ひとつひとつは慣れれば全然難しくないし、簡単なんです。ただ、これがずーっと続くと段々しんどくなってくるんです。

これって「車の運転に似てるな」と思うのですが、車の運転だって短時間なら楽勝じゃないですか。でも12時間とかぶっ続けて運転していたら流石に疲れますよね？

例えば夫側が長時間運転中に奥さんが横に座っていて、「**疲れたでしょ。ウインカー出してあげるね**」なんて言って横から手を伸ばしてきたら「**いやいや、それより運転代わってよ！**」って思うじゃないですか。

きっとそれと同じで、オムツを替えるとか着替えさせるとかって別に難しくないし簡単なんですよ。でもずっと運転していたら疲れるのと同じで、育児のメイン担当をずっとしていたら疲れるんですよ。

だから、「手伝う側」がやるべきことは「運転を代わってあげること」であって、それはつまり「育児のメイン担当を交代すること」なんですよね。

メイン担当側が長時間担当していて疲れているのであれば、「オムツ替えるね」とか「お風呂入れるね」とか細切れのタスクを消化するのではなく、「これから3時間は見てるから好きな事しておいでよ」と、**時間を区切ってメイン担当をパキッと交代する事こそが大事**なのです。

「水曜日は定時に帰る日」とか決めて、その日は帰宅から寝かしつけるまでメイン担当をやるとか、土曜日は半日奥さんの自由にしてもらうとか、そういう感じでまるっと育児を引き受けて交代してあげないと、メイン担当側はいつまで経っても休めません。

しかしながらここでひとつ、問題があります。「**長時間運転なら、運転を交代する事が大事**」と先ほど言いましたが、助手席の人が運転免許を持っていなかったら、つまり「運転する能力」を持っていなかったらどうでしょうか。結局自分が運転し続けるしかなくなりますし、それってめちゃくちゃ大変ですよね。ずっと自分ひとりで運転しなきゃいけない。

それなのに、「**育児する能力を持っていない夫**」っていうのも世にいるんですよ……！

これだと奥さんはめちゃめちゃ大変です。

つまり、

・オムツ替えが出来る
・お風呂に入れられる
・ミルクをあげられる
・離乳食を作れる
・寝かしつけが出来る

みたいな事は当然として、

・オムツのストックがどこにあるか把握している
・母子手帳がどこにあるか把握している
・同時に家事も行える

みたいな部分が出来ていないと、安心してメイン担当を交代出来ないじゃないですか。

そんなわけで「3時間好きにしてていいよ」なんて言いながら、「**オムツのストックどこだっけ**」「**離乳食って何をあげればいいんだっけ**」みたいにイチイチお伺いを立てていたら「もういい！　私がやる！」ってなりがちです。これだと奥さんはいつまで経っても休まりません。

だからこそここで提唱したいのですが、**やはり「ワンオペの日」みたいなものを定期的に作るべき**です。

ずっと運転していないとペーパードライバー化して運転出来なくなるのと同じで、家事育児もやる習慣がないとそのうち出来なくなります。

だからこそ週に1回くらいは「ワンオペの時間」もしくは「ワンオペの日」を作って、ひととおりの家事育児を出来るようにしておくのと同時に、奥さん側は奥さん側で、最初のうちは夫が多少出来ていなくても怒ったりせず、長い目で家事育児に慣れてもらう事が大事です。

長距離ドライブするのに運転者がひとりだと大変だし、どう考えたって交代しながら進んで行けた方が良いんですよね。それに、病気や事故で奥さんが入院する事だってあるでしょうし、第2子、第3子が生まれた時に夫側が家事育児まるで出来ない人間だったらどうやって家庭を守るんだ、っていう話なので。

そういう意味では夫側が家事育児のメイン担当を交代出来たほうがリスクヘッジになるのと同時に、奥さん側も経済的な大黒柱のメイン担当を交代出来たほうがリスクヘッジに繋がるので、多くのケースにおいては男性はもう少し家事育児にコミットしつつ、奥さん側はもう少しお金を稼ぐことにコミットした方がバランス取れて良いのではないかなー、なんて思う次第です。

HACK

「仕事」を最適化する

さあ、家事を効率化して体力をつけ、睡眠環境を整えてリフレッシュ方法も取得したら、今度は仕事を最適化しましょう。「仕事を最適化するってどういうこと?」ってなるかもしれませんが、**一番手っ取り早いのは休んでしまう事です。**つまり産休・育休ですね。休んじゃえば「仕事のかかり具合」がゼロになるので育児に専念出来るようになります。当たり前だけど。

HACK

育休を取るときの諸注意

というわけで育休は積極的に取りましょう。特に男性! まだまだ育休の取得率で男女に差がありますので、最低でも出産から1か月は休むべきです。

なぜ「最低でも1か月なのか」と言いますと、出産時に帝王切開になると、母親は少なくとも1か月間は安静にする必要があるからです。帝王切開になった瞬間に、母親は腹部に大ダメージを負って育児戦線から離脱すると考えてください。そして、悪いことに**帝王**

切開になるかどうかはその時になってみないとわかりません。

仮に男性側が育休を5日間取っていたとして、子どもが帝王切開で生まれたとしましょう。

そしたらその育休が終わる5日後、母親はまだ体に大ダメージを負って、歩くのもつらい状態でワンオペ育児生活に突入しなければなりません。これは病むコース一直線です。

仮に貴方が、僕がかつてやっていたように夜間育児を担当してその間奥さんがぐっすり寝たとしても、今度は貴方が夜泣きに振り回されて寝ていない状態のまま会社に行って仕事をこなさなければいけません。

僕は自営業なのでコワーキングスペースで昼寝したりする事も出来ますが、普通のサラリーマンならこれだって病むコース一直線です。現場仕事なら睡眠不足で仕事をする事は病むどころか命に関わるでしょう。

かといって最初から育休を5日間だけ取るつもりで準備していたのに、帝王切開だからやっぱり1か月休む、となると引継ぎその他に影響が出るはずです。だから**最初から1か月休む前提で育休を取っておくのがベターです。**

育休が取れない場合でも、とにかく帝王切開後の奥さんをひとりっきりで育児にあたらせるのではなく、里帰りしてもらうか、実家からお義母さんを呼び寄せるなど奥さんの負担を軽減する施策を何か考えて実行してください。**新生児を母親ひとりに任せるのは虐待に近いです。**

ちなみに、「男性も育休を取るべき」という風潮は急速に世に広まっていますし、ある程度大手の会社なら会社からも推奨されるはずです。令和5年4月からは大企業における男性の育休取得率の公表義務も課せられる事になりました。

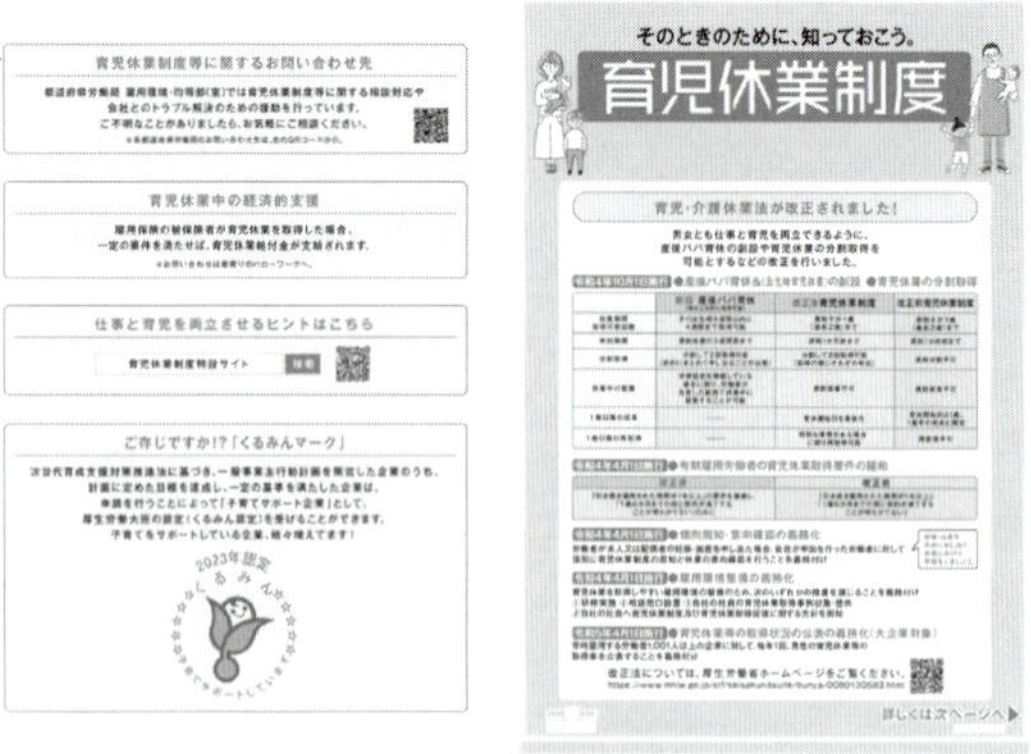

出典：厚生労働省　育児休業制度　特設サイト
https://www.mhlw.go.jp/seisakunitsuite/bunya/koyou_roudou/koyoukintou/ryouritsu/ikuji/connection.html

ですので男性が育休を取る事を渋るような会社ははっきり言って時代遅れですし、気おくれする事なく、堂々と取るのが良いんじゃないかなと思います。現場仕事などどうしても休めない人は里帰り出産や産後ケア施設など、何かしらカバー出来る手立てを準備しておいてください。もう一度言いますが、出産直後の母親に育児を丸投げするのはほぼ虐待です。一生恨まれると思います。

育児休業制度については厚生労働省も啓蒙

活動にいそしんでおり、「育児休業　厚労省」などで検索するとちゃんと出てきます。しっかり読んでおきましょう。

ちなみに日本の育児休業制度は「世界一手厚い」などと言われているので取らない手はありません。そして勘違いしている人も多いのですが、育休中に支払われる給付金は所属企業ではなく国から支払われるお金なので、「働いてないのに給料もらってる……」なんて後ろめたい思いはしなくてもOK！

スムーズに産休・育休を取るために

まず、妊娠が判明し、安定期を過ぎたくらい（16週程度）になるべく早く会社に報告をしましょう。これは母親側も父親側も同じです。その時に育休を取得するつもりであることも宣言しておきます。当然ながらその時期についても事前に夫婦で話し合って決めて会社にも報告しておきます。産休・育休、そして復職の時期についてもよく考え、夫婦間及び会社とも話し合っておきましょう。

これについて会社から難色を示されたり、下手して配置転換をにおわされたりしたらきっちり証拠を残して戦う姿勢を見せても良いと思います。普通に法律違反なので。つわりでの時短勤務や切迫早生で会社を休む権利も法律で保護されています。

男女雇用機会均等法における母性健康管理の措置

（1）保健指導又は健康診査を受けるための時間の確保（法第12条）

事業主は、女性労働者が妊産婦のための保健指導又は健康診査を受診するために必要な時間を確保することができるようにしなければなりません。

※ 健康診査等を受診するために確保しなければならない回数

・妊娠中
妊娠23週までは4週間に1回
妊娠24週から35週までは2週間に1回
妊娠36週以後出産までは1週間に1回

・産後（出産後1年以内）
医師等の指示に従って必要な時間を確保する

（2）指導事項を守ることができるようにするための措置（法第13条）

妊娠中及び出産後の女性労働者が、健康診査等を受け、医師等から指導を受けた場合は、その女性労働者が受けた指導を守ることができるようにするために、事業主は勤務時間の変更、勤務の軽減等必要な措置を講じなければなりません。

※ 指導事項を守ることができるようにするための措置

・妊娠中の通勤緩和（時差通勤、勤務時間の短縮等の措置）
・妊娠中の休憩に関する措置（休憩時間の延長、休憩回数の増加等の措置）
・妊娠中又は出産後の症状等に対応する措置（作業の制限、休業等の措置）

※「母性健康管理指導事項連絡カード」について
事業主が母性健康管理の措置を適切に講ずることができるように、女性労働者に対して出された医師等の指導事項を的確に事業主に伝えるための「母性健康管理指導事項連絡カード」を利用しましょう。

（3）妊娠・出産等を理由とする不利益取扱いの禁止（法第9条）

事業主は、女性労働者が妊娠・出産・産前産後休業の取得、妊娠中の時差通勤など男女雇用機会均等法による母性健康管理措置や深夜業免除など労働基準法による母性保護措置を受けたことなどを理由として、解雇その他不利益取扱いをしてはなりません。

※ 不利益な取り扱いと考えられる例

・解雇すること
・期間を定めて雇用される者について、契約の更新をしないこと
・あらかじめ契約の更新回数の上限が明示されている場合に、当該回数を引き下げること
・退職又は正社員をパートタイム労働者等の非正規社員とするような労働契約内容の変更の強要を行うこと
・降格させること
・就業環境を害すること
・不利益な自宅待機を命ずること
・減給をし、又は賞与等において不利益な算定を行うこと
・昇進・昇格の人事考課において不利益な評価を行うこと
・派遣労働者として就業する者について、派遣先が当該派遣労働者に係る労働者派遣の役務の提供を拒むこと

（4）紛争の解決（法第15条～第27条）

母性健康管理の措置が講じられず、事業主と労働者の間に紛争が生じた場合、調停など紛争解決援助の申出を行うことができます。

出典：厚生労働省　働く女性の母性健康管理措置、母性保護規定について
https://www.mhlw.go.jp/bunya/koyoukintou/seisaku05/01.html

仕事の仕分け

出産時期が確定したらそれに向けて仕事を調整します。まずは持っている仕事を「1日のルーチン」「1週間のルーチン」「1か月のルーチン」「1年のルーチン」という感じで仕分けて書き出し、自分の仕事の全体像を把握しましょう。

そしてひとつひとつのタスクを精査し、

- **誰かに引き継ぐ必要があるもの**
- **在宅でも片手間で出来るもの**
- **育休中は考えなくても良いもの**

という具合に優先度をつけていきます。それに従って上司に引継ぎについて相談しに行くと「おっ、出来るやつだな」と思われるのではないでしょうか。もちろん大企業でしっかりしている所だと引継ぎも会社主導でやってくれるかもしれませんが、ある程度は自分でも道筋をつけておく必要があります。

そして引き継いでくれる会社の同僚や取引先への挨拶なんかも念入りに行いつつ、業務に必要なマニュアルなんかも作っておくと良いかと思います。この辺は自分の仕事を見直すきっかけにもなります。

リモートワークか時短勤務にする

「どうしても仕事を休めない」という場合は会社に談判して、なんとかリモートワークに出来ないか交渉してみましょう。リモートワークになれば通勤時間がまるっと浮きますし、何かあった時にすぐ対応する事も出来ます。

お昼休みの1時間でちゃちゃっとご飯を作ったり洗濯機をまわしたり赤ちゃんをあやしたり、家事育児のメイン担当を交代するだけで奥さんはずいぶん助かるはずです。

リモートワークに出来ない職種の場合は、なんとか時短勤務を認めてもらいましょう。出社を1時間遅く、退社を1時間早くすれば1日あたり2時間の時間が作れますし、2時間あればそれなりに家事育児がこなせます。毎日は無理だとしても、週に何日だけとか、粘って粘ってなんとか仕事にかかる時間を減らしてください。

全部無理な場合は

育休も取れない、リモートワークも出来ない、時短勤務も不可、というどうしようもない場合、例えば職人さんなど日給制の現場仕事をやっている人なんかではザラだと思いますし、「仕事を休むと生活が立ち行かない」というケースもあるかと思います。

でも、その時は「借金してでも育休を取ったほうが良い」という事を提唱させて頂きます。いやほんとに。

1か月休む事で30万円の手取りが減るのであれば、**30万円借金してでも休んだほうが良い**です。

それくらい新生児の育児は大変ですし、なんと言っても貴重な時間でもあります。生まれたての頃、「新生児」と呼ばれる時期は約1か月しかありません。子どもの一生のうち、たった1か月です。そのたった1か月こそ正念場ですし、貴重な1か月を間近で見ることが出来る幸せな時間でもあります。僕の子どもは今2歳ですが、今でも新生児の頃の写真や動画を見返しては「可愛かったな〜」ってニヤニヤしています。

その貴重な1か月のためなら、30万円くらい借りたって、あとから頑張って働いて返せば良いんですよマジで。とにかく、この生まれてからの1か月については、

- **育休**
- **時短勤務**
- **リモートワーク**
- **借金**

などなど、ありとあらゆる手段を使って仕事をしなくて済むようにしてください。

もちろん仕事を休んだ時に、貴方がやる事はパチンコや遊びに行く事ではなく、全力

で奥さんをサポートする事です。

そして前述したように、里帰り出産や両親を呼び寄せるなどで実家のサポートを頼ったり、シッターやファミサポを使ったり、とにかく全力で奥さんを休ませましょう。この先の人生で、貴方が奥さんや子どもに信頼されるかどうかは、この1か月にかかっていると言っても過言ではありません。いや本当に。

子どもの「なつき具合」は接触時間で決まる

というわけで僕は友達や仕事仲間など、周囲の男性陣から「子どもが生まれる！」みたいな話を聞くと「**最低でも1か月は育休取れよ!!**」と言っております。それは奥さんを休ませるためでもありますし、「**子どもとの貴重な時間を大事にしろよ**」という意味でもあります。そして子どもと自分との愛着形成にとってもめちゃくちゃ大事です。

かく言う僕は先述した通り、子どもが新生児の頃は僕が育児のメイン担当をやっている時間のほうが長かった、つまり子どもと一緒にいる時間が妻より僕のほうが長かったので、僕が抱っこしていると大人しいのに、妻が抱っこすると嫌がる時期があったくらいです。

「育児は女性が向いている」「子どもはママのほうが良い」なんてのは真っ赤なウソで、結局は単純に接触時間の問題です。パパとずっと一緒にいればパパっ子になるし、ママとずっと一緒にいればママっ子になります。

ある女性が描いた育児漫画の話なのですが、その方の事情で「経済の大黒柱を女性が担当」「家事育児の大黒柱を男性が担当」という具合に変えたところ、「**子どもが旦那にばっかりなつくようになって寂しかった**」みたいな描写がありました。結局は接触時間なんですよね。

我が家の場合、新生児期は僕になついていた息子ですが、僕は仕事柄地方への出張が多く、家族同伴で行く事も

ママがいい～～！
こうならないためにも頑張ろうね

多いものの、どうしてもひとりでしか行けない場合もあります。

そういう場合は必然的に妻ひとりで子どもの面倒を見なければいけないわけですが、そうやって僕が家を離れたりする時間が増えれば増えるほど「ママ、ママ」と言う回数が増え、今では立派なママっ子になってしまいました。

出張で2、3日家をあけることもしばしばあった他に、僕が子どもと一緒に寝るとやたらと僕の睡眠が浅くなってしまい、夜中に覚醒しまくってあまり寝られないから僕だけ寝室を別にした事も要因の一つです。

これが行きすぎたのか、そもそも男の子はママっ子なのか、僕の顔が気に食わないのか匂いが気に食わないのか、まあ他の要因はよくわかりませんが、夜寝る時にママが横にいないと怒るようになってしまいまして。

「パパねんねの日」みたいなのを作って週に1回くらいは僕が寝かしつけをするようにしようかと思ったのですが、妻が飲みに行ったり旅行に行ったりで本当にいない日は息子も「じゃあねんねはパパで良いか」って諦めてくれるものの、「**ママが家にいるのに他の部屋にいて自分と一緒に寝てくれない**」となると怒って怒って大変でどうしようもない。どうやって直そう……。

ちなみに、接触時間は夫側にとっても大事で、出産後、積極的に育児に参加した男性のほうが子どもに対する愛着が強い、という研究結果もあったりします。

やっぱり自分でオムツを替え、ミルクを飲ませ、寝かしつけた子どものほうが愛着も湧きますし、その愛着こそが家庭を円満にするのではないでしょうか。それに新生児期から育児に参加していれば、何をすれば良いのかなんてだいたいわかりますしね。最初から丸投げしていたらいつまで経ってもわからないまま!

保活について

そして「保活」についてのアレコレを。

少し前まで「**待機児童がたくさん！**」「**保育園にぜんぜん入れない！**」みたいな怨嗟の声が渦巻いていましたが、こういった怒れる国民の声に国が慌てて対応し、保育園をバカスカ建てまくったおかげで現在ではかなり解消されつつあります。

ちなみに保活における「点数」という言葉は聞いたことがあるでしょうか？　実は保育園に入れる／入れないは点数制になっていて点数が高い人から順番に入れる、みたいな仕組みになっています。点数の加算方法は自治体によって違うのですが、だいたいこんな感じです。

・週5日、フルタイムで働いていると＋○点
・ひとり親世帯だと＋○点
・親の介護をしていると＋○点
・生活保護を受けていると＋○点
・ベビーシッターをたくさん使った実績があると＋○点

みたいに細かく決まっていて、この合計得点が高いほど希望の保育園に受かりやすくなるため、「保育園がぜんぜん足りてない！」みたいな状況の時はベビーシッターを雇いまくった実績を作って点数を稼ぐなど、けっこう涙ぐましい努力の果てにやっとこさ保育園に入れる、という時代がありました。でもそれも今ではだいぶ解消されております。

ですので「保育園入れないかも！」という心配はそこまでしなくて済むようになったのですが、それでもちゃんと準備しておかないと「えっ！　もう第一次募集終わったの!?」ってあとからビックリしてしまいます。**我が家のように。**

そう。長男が生まれたのは10月だったのですが、第一次募集の締め切りが11月だったんですよ。生まれたての新生児の頃なんてバッタバタで落ち着く暇も無

いですし、まさか春入園の締め切りがそんなに早いと思っていなかったので、問い合わせた時に「**もう終わってますよ**」って言われた時はマジでびっくりしました。そのせいで「第二次募集で落ちるわけにはいかない！」と慌てて保活をはじめる事になったのです。

　保育園の申し込み方法は自治体によって違いがあると思うのですが、東京など都市部では住んでいる地域にいくつか保育園があると思うので、「どこの保育園に入れたいか」というのをまず考える必要があります。

実際の妻とのやりとり

　そこで僕はまず、自宅から半径１km以内にある保育園を全てピックアップして一覧にしつつ、

・連絡帳のやりとりがインターネットで完結するか
・園庭があるか
・枠がどれくらい残っているか

を調べて順番に埋めていきました。

◉連絡帳のやりとりがインターネットで完結するか

　これは友人の先輩パパから聞いた話なのですが、連絡帳が手書きで、ノートでやりとりする形式だとだいぶ時間がかかって面倒くさいんですよね。それにインターネットでやりとりする環境だと、日々の園児の姿を写真で送ってくれたりするらしいんですよ。言われてみればノートのやりとりにはイチイチ印刷した写真を貼り付けたりしませんが、ネットで完結しているのであれば写真をアップするだけで済みますもんね。

　ですので「どういう方式で連絡帳のやりとりをしているか」をそれぞれ調べました。だいたいホームページに書いていないので一件ずつ電話で問い合わせるという地道な作業です。

●園庭があるか

これはずばり、園庭があるほうが子どもがのびのび遊べて良いだろうな、と思ったからです。都市部の保育園には園庭が無いところも多く、そういう保育園だと屋内で遊ぶ事が増えそうですので。

●枠がどれくらい残っているか

これは一次募集に応募しそびれたからなのですが、二次募集となるともうすでに一次募集の時点で枠が埋まっている保育園もたくさんありました。ですので区役所に電話してそれぞれどれくらいの枠が残っているかを確認します。案の定「あそこいいな」と思っていたところは軒並み枠が埋まっていて絶望しました。というか二次募集だとほとんどの保育園の枠がなかった。

そうやって作った表を元にして、半径1km以内の保育園を自転車に乗って片っ端から巡りました。

通う事になった時に通るルート、つまりアップダウンがきつくないかとか、車通りが多くないかとか、そういう「通いやすさ」の部分と、建物の外観および園庭のあるなしを確認してある程度の目星をつけます。

結果的にはダメ元で申し込んだ、枠ゼロの保育園に空きが出たとかで入る事が出来たのですが、その保育園は連絡帳がアプリなので目論見通り日々子どもがどういう風に過ごしているのかを写真で毎日送ってくれますし、家からも近いところだったので大満足です。

これも事前に区役所に問い合わせて、「**枠がゼロでもダメ元で申し込んでおいたほうがいいですよ**」というアドバイスを受けた結果です。みなさんもちゃんと事前に調べて準備をしておきましょう。園の見学も5か所くらいは行きました！

CHILDCARE
HACKS

CHAPTER 2

生まれてから
やるべきこと

HACK

「育児」を最適化する

さあ、家事を効率化し、体力もつけ、睡眠環境を整え、引っ越しも終わり、リフレッシュ方法も取得し、育児休暇も取り、いよいよ赤ちゃんを迎える時が来ました。何度も言っておりますが、「育児の大変さ具合」は、

育児の大変さ

＝

（子どもの手のかかり具合 ＋ 家事の手のかかり具合 ＋ 仕事の手のかかり具合）

÷

投入コスト（時間＋お金）

という計算式ではじき出す事が出来ます。

しかしながら「子どもの手のかかり具合」については**完全にランダム**です。夜泣きが止まらない子もいれば、一晩中スヤスヤ寝ている子もいます。ですので育児を効率化するといえども、24時間シッターさんを雇えるぐらいお金に余裕のある猛者なら別です

が、ある程度は限界があると思っておいたほうが良いでしょう。それでも効率化出来るものはあります。

僕の例を挙げておきます。

先ほど書いた通り、子どもが生まれた直後は妻の実家に里帰りしており、夜間の育児は僕が担当していました。その夜間の授乳中に発生するタスクをもう少し細かく書いてみます。

2階の寝室で就寝中、時間になったら1階の台所にある冷凍庫に冷凍母乳を取りに行き、湯煎して解凍しつつ人肌程度になるように調整。哺乳瓶に移し替えて2階にあがり、赤ちゃんに飲ませる。飲み終わったらまた台所におりて哺乳瓶を洗浄&ミルトンにつけて消毒。2階に戻ってオムツを交換。

これが3時間毎にあるので、23時〜8時の間に3回くらい発生します。これ、けっこうキツいんですよ。妻は妻で、別室で寝ているとは言え搾乳しないとおっぱいが痛くなるので、やはり3時間毎に搾乳機で搾乳する→パックに移して1階

におり、台所の冷凍庫に入れて冷凍→搾乳機を洗ってミルトンにつけて消毒というタスクが発生します。

　このタスクを消化していると覚醒しちゃって、再度布団に入ってもなかなか寝付けなかったりするんですよね。つまり、夜間授乳の動線が長くなってしまっているんですよ。それに、少しの間とはいえ、赤ちゃんから目を離してしまうのが気になる。これをどうにか改善しようと思い、小型の冷凍庫を用意することにしました。

　ちなみに使用期間が限定的なものなので「Rentio（レンティオ）」というレンタルサービスを使っております。月1,300円くらい！

ホテルの部屋にあるような、こういうタイプの冷凍庫を妻の部屋に設置し、搾乳した母乳はこの冷凍庫に入れてもらうようにします。

　更に哺乳瓶と搾乳機を買い足し、使ったものは全部そのまま寝室に置いておき、翌朝まとめて洗って消毒する運用に変えました。

　これによって、妻は自分の寝室の中で搾乳し、搾乳した母乳はすぐ横にある冷凍庫に入れて冷凍、使った搾乳機はバケツに入れて朝まで放置する事で布団から一切出なくても全てのタスクを完了出来るようにしました。こうすれば布団に潜り込めばまたすぐに寝る事が出来ます。

　僕のタスクも、こっそり隣の妻の寝室に行く→冷凍庫から母乳を取り出し、自分の寝室に移動して電気ポットのお湯を使って解凍→哺乳瓶に入れて赤ちゃんに飲ませる→使った哺乳瓶はまとめて朝洗うという具合に変わりました。

これによって移動が減り、覚醒する事なくまた眠りにつく事が出来ます。2階と1階を往復するような運用をずっと続けていたら、あの期間は乗り越えられなかったんじゃないかと思っております。

このように、「動線」を意識する事で減らせる育児のタスクは存在するので、「どうやったら効率化出来るか？」を色々と考えながら育児をこなしていくのが良いでしょう。家事も育児も「動線」を意識する事でかなり効率化出来ることがあります。

そんな中で、僕が発見した効率化ポイントをあれこれ紹介していきます。

HACK 家をIoT化する

Google HomeやAmazon Echoなど、いわゆるスマートホームデバイスで家の中のあらゆるものを声でオン・オフ出来るように改造しましょう。最初は「なんか難しそうだな？」と思うかもしれませんが、やってみると意外と簡単に動かせるようになります。先ほど「カーテンの開け閉めを自動化する」というのを紹介しましたが、そんな感じで色んなものが動かせるようになります。例えばこの辺です。

オートロックの玄関を開ける

我が家は前述の通りネットスーパーを使いますし、宅食もやっていますし、時短のためにAmazonや楽天でたくさん買い物をするのでひっきりなしにモノが届きます。それなのに赤ちゃんのオムツを替えていたり授乳していたりで「今ちょっと手が離せない！」みたいなタイミングでピンポンが鳴ることもたくさんあります。

そんな時でも我が家では「アレクサ、玄関を開けて」と言えば、マンション入り口のオートロックを自動で開けてくれるのでめちゃくちゃ便利です。流石に玄関までは自分で取りに行かなければいけませんが、宅配業者の方がエレベーターで自分の部屋に来るまでの間にパパッと準備すれば受け取る事が出来ます。

テレビのリモコン

テレビのリモコンも全て声で操作出来るようになります。「リモコン」って赤ちゃんの大好きなオモチャなので、手の届くところに置くと触りたがりますし、かと言って手の届かないところに置くと自分達が使いづらくて困ります。ですのでこれも全部声で操作するようにして、リモコンはずっと手の届かないところに置きっぱなしにしておけば万事解決！

他にも、子どもの好きなアンパンマンのマーチを「アレクサ、アンパンマンのマーチを流して」でかかるようにしておけば子どもが泣いている時に興味を引けたりしますし、パスタの茹で時間も「アレクサ、7分タイマーを設定して」で済むので超便利！　これは絶対に導入していきましょう。

Amazonの「Amazon Echo Show 5（第3世代）」。ほかにはGoogleの「Google Nest Hub（第2世代）」なども。ぶっちゃけどっちでもお好みで良いと思うのですが、Amazon Echoシリーズは、Amazonタイムセールの対象となる場合もあるので、Amazon Echoが良いかなーと思っております。慣れるともう手放せない！

Amazon Echo Show 5
（第3世代）

見守りカメラ

これも今ではマストと呼んで良い育児グッズです。我が家が導入した見守りカメラはＡＩが搭載されていて、赤ちゃんの顔に布がかかっていたり、うつぶせになっていたりすると自分のスマホにアラートが飛んでくるように設定出来ます。

これが威力を発揮するのは自分がお風呂に入る時です。見守りカメラの映像を防水仕様のスマホでお風呂に入りながら確認しつつ、赤ちゃんが寝ている間に自分はゆっくりお風呂に入る事が出来ます。僕は毎日銭湯に行くので家のお風呂はあまり使わないのですが、妻はこれによって1時間くらいの割と長湯を毎日楽しんでおります。

また、赤ちゃんの寝ている姿を常時録画してくれるので、赤ちゃんが寝言を言ったりした時の貴重な動画をあとから見返して保存したりも出来ます。僕の息子が小さい頃、夜中に泣く時は急に「アーーー！」という声を出して泣くので、それが面白可愛くて保存して何度も見返したりしていました。

見守りカメラって相場がだいたい1万円～くらいなんですが、これは3万円以上するのでけっこう高価なお買い物なのです。でも泣き声やうつぶせでアラートを飛ばしてくれるのは本当にありがたい！

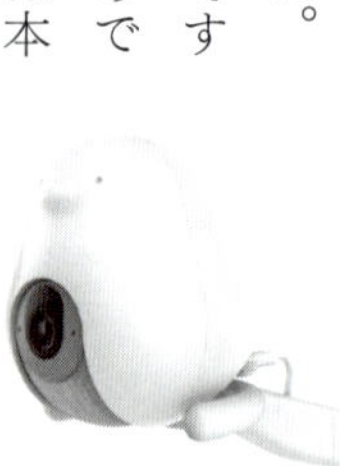

我が家で活躍中、AI搭載の見守りカメラ「CuboAi Plus スマートベビーモニター」

●ベビーセンサー

これは赤ちゃんの呼吸などの体動を感知するセンサーです。特に新生児期は赤ちゃんの呼吸も浅いしあまり動かないので「大丈夫？　生きてる？」と夜中に何度も何度も確認してしまうようになるかと思います。乳幼児突然死症候群なんて本当に怖いですよね。

このセンサーを設置しておくと20秒間動きを感知しない時にアラームが鳴ります。自分がちょこちょこ確認するより、よっぽど異変に気付きやすいんじゃないでしょうか。もちろんこのセンサーが働かない事が何よりですが、変にあれこれ気をまわして自分が寝られないようになるくらいなら、5千円〜1万円くらいで買えますし、こういう商品を導入していち早く察知出来る態勢を作っておきましょう。

我が家で使っているベビースマイルの「乳児用体動センサ ベビーアラーム E-201」

オムツにつけるタイプの小型版「乳児用体動センサ ベビーアラーム E-202」もある。

レンタルあれこれ

近頃はレンタル家具やレンタル家電その他、あれこれと貸してくれるサービスがあるので、育児でも「高いもの・かさばるもの・試してみたいもの」なんかはガシガシ活用していきましょう。

生まれてから3か月くらいの頃、息子にいわゆる「背中スイッチ」が爆誕してしまい、抱っこじゃないと寝ない時期がありました。これ、けっこう大変なので「どうにかしないと！」と電動でユラユラ揺れるバウンサーという機械を導入しようかと思ったのですが、買うと高いし、かさばるのに効果が無かったら嫌だな、と思ったのでいったん一週間レンタルしてみました。

家に届いて早速組み立て、意気揚々と息子を寝かしつけてみたら置いた瞬間にギャン泣きしましてね。その後何度試してもダメなので、「これはアカン」と思って早々に返却したのですが、「マジでレンタルにしておいて良かったな」と思いました。買ったやつがダメだったらダメージがえぐい。

他にもベビーカーやベビーベッドなど、レンタルで借りられる所がけっこうあるので、買う前に一度借りて試してみても良いかもしれません。特にベビーカーは高機能で高価なものに惹かれてしまいがちですが、実際使うとなると安くて軽いほうが良かったかも、みたいにちょっと後悔したりもします。ですのであれこれ使ってみてから買うものを決めても良いんじゃないかと思います。主な会社をご紹介します。

■Rentio

家電に強いのが特徴！　一定の期間しか使わない冷蔵庫や、「哺乳瓶を使う期間だけ食洗機を借りておく」みたいな使い方が可能！

■ダスキン

そしてベビー用品に強いのがダスキン。バウンサーなど、「値段は高いけど、果たして我が子は使ってくれるのか？」みたいなものを試すのにぴったり。他にもベビーカーやベビーベッドなど、育児に使うものはだいたいひととおり揃っています。

HACK 「雑に育てる」

「雑に育てる」なんて言うとちょっと炎上しそうですが、僕は生まれて早々に「この子は雑に育てるぞ！」と決めて実行しております。何故そう考えたかと言うと、生まれる前に読んでいた育児本に、こういう記述があったからです。

「**赤ちゃんは、いつもの場所だと安心しておねんねすることが出来ます。だから寝る場所を決めて、そこで寝かしつけをしましょう**」

これを読んだ僕は逆に思いました。「いつもの場所じゃないと安心出来ないなら、旅行に連れて行けなくない？」

僕は仕事柄出張が多く、割と日本中飛び回る生活をしております。ですので子どもが生まれたら、出来る限り子ども同伴で出張に行こうと思っていたのです。色んな体験をさせてあげたいし、僕だけで行くと必然的に妻がワンオペ育児になっちゃうし。

でも、旅行先のホテルで安心して寝ることが出来ないのであれば、出張に連れて行けないじゃないですか。

だから、**僕は逆に「いつもの場所」を作らない方針を取る事にしました。**同じ寝室内でも赤ちゃん用のベッドの置き場所をコロコロ変えたり、リビングで寝かせてみたり。出張に連れて行けない新生児の間はそうやって寝る場所をコロコロ変え、「いつもの場所」という概念を作らないことで、逆に「どこでも寝られる子」みたいな方向に持って行けるんじゃないかと思ったのです。

そして新生児期が終わってからは子どもを連れて日本全国あちこちに連れて行きました。これを書いている時点で息子は2歳半ですが、その2歳半の子が泊まった事のある都道府県は北は北海道知床《しれとこ》、南は沖縄まで以下の通りです。

北海道・青森・山形・栃木・埼玉・東京・千葉・神奈川・長野・大阪・奈良・香川・岡山・福岡・熊本・佐賀・鹿児島・沖縄
以上18都道府県!

「泊まった事がある」だけでこの数なので、日帰りなんかも含めるともっとあちこち行っています。

これは僕の出張に同行するパターンや旅行だったり帰省だったりもあるのですが、このおかげか息子は目論見通り「どこでも寝る子」にばっちり育ちました。初めて行ったホテルでも人の家でも、ぜんぜん気にする様子もなく寝る時間になるとすんなり寝ます。

つまりこれが、「雑に育てる」という概念であります。

ミルクも雑にあげる

授乳も同じです。事前に育児書をあれこれ読んでいて、「保育園のミルクと、家のミルクの銘柄が違うので嫌がって飲まない」みたいなケースがある事を知りました。他にも「冷たいミルクを嫌がって飲まない」というケースもあります。赤ちゃんは繊細な生き物なのです。

我が家では妻の母乳の出がそこまでじゅうぶんじゃなかったこともあり、割と早い

段階でミルク育児に切り替えていたのですが、前述の通り出張に行く時は液体ミルクなんかを使う事になります。しかしながら新幹線の車内で液体ミルクを人肌程度に温めようと思うと熱湯を入れた魔法瓶と、湯煎するための容器を持ち歩く必要が出てくるわけで、これは相当面倒臭いです。

ですので、まず我が家では使うミルクの銘柄を頻繁に変えました。4種類くらいのミルクを買い、1つが無くなると次、それが無くなるとまた次、という具合に毎回銘柄を変える事で、多少味が変わっても気にせず飲むような方向に誘導しました。

ミルクの温度も同じです。ミルクは作ってから2時間くらいは口をつけていなければあげても良い、とされているので、作っているうちに寝ちゃって、ミルクが冷めちゃった、みたいな場合でも気にせずガンガンあげる事にしたのです。そのおかげか、息子はなんでも飲みますし、離乳食だってなんでも食べる子に成長しました。繊細さとは一切無縁！

思うに、赤ちゃんに対して過剰に配慮するのは変じゃないかなと思うんですよね。もちろん生命や健康に影響するような事は慎重にする必要があると思うのですが、快適な温度と湿度で、除菌されたオモチャに囲まれて人肌程度のミルクを飲む、みたいな生活って少なくともここ20年くらいで生まれた概念じゃないかと思うんですよ。

僕の実家なんて長い事エアコンがなかったから夏暑くて冬寒かったし、今ほどアルコールスプレーだなんだで除菌するような習慣も無かったでしょうし。

それによって多少風邪をひいたりお腹を壊したりすることもあるかもしれませんが、そうやって赤ちゃんは成長してきたわけだし、必要以上に過保護になる必要はないんじゃないかと思う次第です。

あると便利な育児グッズ

そして育児を最適化するためにも、ここでは「揃えておくと楽になるよ〜」的なものをわーっと紹介します。

■電動鼻水吸引器

子どもはしょっちゅう風邪をひく生き物なのですが、特に保育園なんかに行くようになると、しょっちゅう鼻水を垂らすようになるので一家に一台ストックしておくと良いと思います！

「みんなお世話になるよね〜！」というのがベビースマイルのメルシーポット。こういう衛生用品はさすがにレンタルや中古

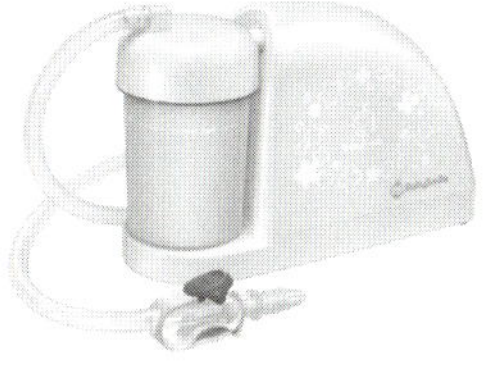

メルシーポット

だと躊躇するので買ってしまおう。1万円以内で購入できるので出産祝いであげたりしても喜ばれる。

■レトルト離乳食&お弁当

とにかく最近の離乳食は各メーカーがしのぎを削って良いものが出ているのでばしばし活用しよう！　値段もそこまで高くない！

特に死ぬほどお世話になったのはキユーピーのベビーフード。パウチ型のベビーフードだけではなく、フタを取るだけで食べられるお弁当型もあるので旅行中なんかも散々お世話になりました……！

にこにこボックス（カップ容器）

■リンサークリーナー

掃除の所でも紹介したのですが、吐き戻したりウンチが漏れたりなど、赤ちゃんがいるとあちこち汚れるので丸洗い出来ないソファなんかについたらけっこう大変です！

そういう時にコイツがあると水ごと汚れを吸い取ってくれるのでかなり綺麗になります！

COLUMN

子どもを野生児にしたい

子どもが生まれてから、同じように子育て中のパパ友なんかと「子どもをどう育てるか」みたいな話になることがあります。「子どもなんてアンコントローラブルなものだし、親の思う通りに子どもが育つわけがない」という大前提はありつつも、親が子どもの成育に干渉出来る余地が少しはあるはずなので、我が家でも一応教育方針を決めております。それが、**野生児にする**というものであります。この「野生児」にはふたつの意味が込められていて、ひとつ目が「肉体的野生児」で、例えばゲームのストリートファイターには「飛行機事故でアマゾンの奥地に落下した赤ちゃんがそのまま現地で育った」という設定の「ブランカ」というキャラクターがいます。

「**ジャングルで育ったとしてもそうはならんやろ**」という外見ではあるけど、僕が求める野生児というのは究極的にはこういうことである。

サバンナに行ってはトラを手刀の一撃で斬殺し、「とうちゃん！　今日の晩メシだよ！」と言いながら塊肉をゴロンって転がしてきたりすると最高である。

要するに「肉体的野生児」とは「**無人島に放置してもなんだかんだ生き延びそう**」みたいな事であり、「生命としての強さ」「個体としての強さ」を示す言葉であります。

なんで僕がこの「個体としての強さ」を重要視するのか、という事についてひとつ思い出話をしたい。

あれは僕が小学校4年生とか5年生とかそのくらいの頃の話です。当時、僕の親父は僕を医者にしようと画策しており、私立中学を受験させるために僕を進学塾に通わせはじめた。大阪玉造にかつてあった阪神受験研究会という塾である。

これがブランカだ。
©CAPCOM

僕が変な時期に入ったからなのか、既にクラスの中ではコミュニティみたいなのが出来ていて、新参者の僕は何故か知らんけどけっこうイジられたのである。初めて行った日に水色のTシャツを着ていたので「おい、水色〜〜」みたいな、ちょっと嫌な感じで他の男子から呼ばれた事を覚えている。わかります？　「おーい！　みぃ〜ずぅ〜いぃぃぃろぉぉお〜！キャッキャッキャ！」みたいな、嫌な感じのやつ。それが2週間くらい続いてたのかな。

そんなある日、授業がはじまる前に黒板のほうを向いて座っていると、後ろからクラスの中ではボスっぽいというかガラの悪い感じの太ったジャイアン系男子にまた「おい水色〜。こっち向けや〜〜」みたいな感じで声をかけられ、何を言われたのかまではあんまり覚えていないのだけど、その雑な感じにはもいい加減ウンザリしていたので「**お前うるさいねん。黙っとけボケ**」くらいに言い返し、また前を向いたら突然、後頭部に衝撃が走ったのだ。

結論から言うとその、ボスっぽい太った男子にメリケンサックで後ろから殴られたのであります。

今でも「**小学生がそんなことする!?**」と思うのだけど、殴られた僕としてはまさかそんなもので殴られたとは思っていないので、普通に反撃して相手に馬乗りになってぶん殴ったのだけど、殴っている最中に周囲から「うわ————!!!」「**血や——!**」みたいな声がするので「なにごと!?」と思っていたら頭部から大量出血していたっていう。

これが、メリケンサックだ！

当然そこら中から悲鳴があがるし、慌ててかけつけてきた先生に引き離され僕は病院送りに。殴ったほうの男子は両親とともに謝罪に来るという事件がありました。

今でも名前も憶えているその子はその塾はじまって以来の退塾処分という事で塾を追い出され、僕は翌日から包帯を巻いて登塾、という感じになったのだけど、塾では当然ながら大騒動になっており、その日以来僕を水色呼ばわりする人はいなくなった、という結末です。当時この塾に通っていた人がいたら本件について耳にした人もいるかもしれない。

そしてもうひとつ。6年生になったくらいで、どういう理由だか忘れたけど阪神受験研究会を辞め、今度は上本町にある別の進学塾に行きはじめました。そうしたら、クラスの、これまたガラの悪いジャイアン系男子に目をつけられ、塾の帰り道で「なんやお前、やんのか？」みたいな感じで絡まれましてね。なんでしょうね。僕目つきが悪いんですかね。

「お？　やるんか？　やってみろや!?」ってしつこく煽られたので、いい加減腹が立って思いっきりぶん殴ったら相手が泣きだしたという。これまたその日以来、クラスの誰にも雑に絡まれるようなことがなくなって、平穏な日々を送るようになるわけです。

※余談ですが高校に進学したら、この時に殴った子がまさかの同級生という事で再会しましてね。その子は柔道やってるとかでスポーツ推薦のクラスに入っており、死ぬほどゴツくたくましく成長していたので「**あの時の事を思い出されたら、殺される……!**」とブルブル震えておりました。結局バレなかったけど。O君元気かね。

このふたつの事件なんですけど、暴力的な手段とは言え僕が反撃せずに**ヘラヘラやり過ごしていたらイジメのターゲットになっていた可能性がかなりあるな**、と思っています。更に言えばメリケンサックで殴られた時なんて反撃せずにやられっぱなしになっていたら**後遺症が残るレベルの大怪我**をしていたかもしれない。

阪神受験研究会も別の進学塾も東京で言うたらSAPIXみたいなもんで、医者の息子とかも多かったしいわゆる「ええとこの子」がたくさん来てるような塾ですらそうだったんですよ。

まあさすがにこの例が極端すぎることは理解しているし、今は時代が違うし、今の子ども達はみんないい子だし、特に東京みたいな都心はそういう事態になることってだいぶ減ってるんだろうな、とは思うんですけど、子どもって基本的には本能で生きる生物ですし、「こいつ弱いな」って周りから思われたら学校生活がしんどくなるんじゃないかな、と思っています。

実際、小学生くらいの子どもがいるパパ友やママ友に話を聞いたら今の学校でも普通にケンカだのなんだのはあるみたいですしね。

それにゆくゆくはサマースクール的な留学を経て本格的な留学なんかもさせたいなと思っていて、行く先が日本みたいに治安がよくお行儀のいい子が多い国とは限らないし、日本の学校に外国育ちの子が通ったりするケースだって今後はどんどん増えるでしょう。日本人の価値観がそのまま通用しない事だって増えるはず。

ですので「周りはみんないい子だし」とか「いい子だけを選《よ》りすぐって遊ばせれば良いのだ」みたいな前提で子どもの社会を捉えるのはけっこうリスクがあるなと思っております。

あとは格闘技を長年続けているドランクドラゴンの鈴木さんがテレビで「**嫌なやつがいても『こいつ、いつでも殺せるしな』と思ったらなんとも思わなくなる**」みたいな事をおっしゃっていて、**「身体的な強さ」って精神的な強さにもけっこう直結するんじゃないか**とも思っております。特に子どものうちは。ですのでまずは一個の生命として強い「肉体的野生児」にしたいと思っている次第です。

そしてもうひとつの「野生児」は「**社会的野生児**」です。

僕はフリーランスとして色んな人と仕事をするわけですけど、「あ、この人は何やってても一生食いっぱぐれないだろうな」と思える人がちょくちょくいます。そういう人が「社会的野生児」です。アマゾンを生き抜く力が「肉体的野生児」なら、現代社会を生き抜くサバイバル能力を持った人が「社会的野生児」

という。

社会的な野生児性を持つ人に共通するのは肉体的な強さと精神的な強さ、そしてコミュニケーション能力の高さや周囲を巻き込む力、らへんかなぁと思っているのですが、僕が「一生食いっぱぐれないだろうな」と思っているモデルケースのうちのひとりが友達の親父なんですね。

その友達の父親はドイツ人にもかかわらず、世界中を飛び回っていて各国に家があり、いまではアフリカで暮らしているそうで、国と国とのはざまで法律や制度のスキマを突いてビジネスを展開するのがめちゃめちゃ上手いそうです。

友達はそのアフリカにいる父親から突然書類をあれこれ送られてきて、「ここと ここにサインして送りかえせ」と父親に言われ、言われた通りにサインして送り返したら父親から「**ドイツの国籍取っておいたからな**」などと言われたそうです。

友達はもちろん日本国籍を持っているので「日本は二重国籍ダメなんじゃないの?」と言ったら「ダメでも罰則規定がないから無視してOK。ただしこれこれこういう手続きをすると国にバレる可能性があるからその手続きはするな。それ以外は今のところ大丈夫」みたいな説明を受け、「**EU国家の国籍は持っておいて損はないから**」と言われたそうです。詳しい手順までは知らんけど父親すげー。

この辺ってどういう教育をしたらそんな人間に育つのか僕自身もよくわかっていないので、「とりあえず英語は教えておこう」と思っています。

もちろん英語が出来たくらいの事でそんなレベルには達しないんだろうけど、日本の行く末に対して、僕自身があんまり明るい未来を見ていないので、子どもが将来何かに困っても、いざとなったら「ま、日本じゃない国に行けばいいか」って軽く思えるようにしたいし、そのためのハードルを下げるためにとりあえず英語は大事かなぁと思っております。

HACK 人にたくさん会わせる

前述した「雑に育てる」に近いんですけど、とにかく色んな場所に連れて行って色んな人に会わせております。最近は好奇心の向くまま、手あたり次第に手を伸ばしたり色んな所に登ろうとしたりするので「めちゃ大変！」ではあるのですが、近頃はキッズスペースのある居酒屋もあるので飲み会に連れて行ったりもします。もちろん17時スタートの20時解散とかですけど。

おかげ様で本当に人見知りしない子に育ちました。妻の友人宅に遊びに行った時も、そこの子ども達と秒で馴染んで一緒に遊んでいましたし。自分の事をアイドルか何かだと思っているのか、一緒に散歩している最中に知らないおばあちゃんなんかが「あら～、可愛いわねえ」なんて話しかけてきたら嬉しそうにニコニコしながら寄っていって手を振ったりしております。

HACK 習い事

そして習い事。まずは前述の通り英語で、幼児向けの英会話教室に通いだしておりま す。意味があるのかどうか今のところよくわからないですけど。そんで次にやらせよう と思っているのが体操教室で、更に3歳になったら空手を習わせようかなと思ってお ります。元気な野生児に育ってくれるといいなぁ。

CHILDCARE HACKS

CHAPTER 3

お金の話

そしてお金の話です！　これまで「家事を最適化しろ」とか「自分を最適化しろ」とか「育児を最適化しろ」とか偉そうな事をあれこれ言ってきましたが、便利なものを導入するとなるとお金がかかります！　僕がいくら「ドラム式洗濯機が便利だよ〜」と言ったところで、「そんな金あるかボケ！」みたいな人もいるかもしれません。

そこで、とにかくお金がかかってしょうがない育児の負担を、少しでも減らすお金のライフハックについてもあれこれ書いておきます！

HACK どこかの経済圏に入る

「楽天経済圏」みたいな言葉を聞いた事が無いでしょうか。楽天では、楽天のサービスを使えば使うほど楽天で買い物をした時のポイントが貯まりやすくなるような設計になっております。例えば通常ですと楽天で買い物をすると1％の楽天ポイントが還元されますが、楽天カードを使って買い物をするとプラス1％で2％の還元が受けられるようになります。

これを利用し、例えば楽天銀行の口座を作り、楽天証券の口座と紐づけてＮＩＳＡを使いつつ、楽天モバイルを契約して、みたいにあれこれ楽天のサービスを積み重ねていくとどんどん還元率があがります。

これがかなりデカい！

他にも家のインターネット回線だの電子書籍だの楽天トラベルだのありとあらゆる楽天のサービスを使うとビビるくらい還元されるようになります。

更に「毎月0と5のつく日に買い物をすると更に還元」とか、「ヴィッセル神戸と楽天イーグルスが勝つと還元」とか、楽天はポイント的にお得なタイミングがゴロゴロあるので、そういう時を狙ってオムツやミルクなどを一気に買うとめちゃくちゃポイントが貯まります。

同じような仕組みとしてあるのがPayPay経済圏でして、楽天と同じようにPayPayを登録して、PayPay銀行を開設して、PayPayカードを作って、ソフトバンクを契約して還元率をあげていけばYahoo!ショッピングでの買い物の還元率が劇的にアップします。楽天と同じく「5のつく日」など高還元率になるタイミングがあるので、その日を狙って買いだめをするとグッド！

とりあえずこの「楽天経済圏」と「PayPay経済圏」が代表的な2つの経済圏なのですが、少なくともどちらか一方には入っていたほうが良いと思います。僕の場合、昔から入っている楽天経済圏をそのまま継続して使いつつ、PayPay経済圏も併用しているの

ですが、ここ1年で楽天ポイントが20万ポイント貯まっていました。ちなみにPayPayのポイントも6万ポイントくらいあります。ふたつ合わせたらドラム式洗濯機が余裕で買える額ですね。

最近はPayPay経済圏もかなり頑張っているのでPayPay経済圏をメインにするのも全然アリだと思います。一番良くないのはどちらの経済圏にも入らない事なので、ネットで買い物をするならどっちの経済圏に入るかを考えておきましょう。他にもau経済圏、ドコモ経済圏なんかもありますが、サービスの網羅性で言えば楽天とPaypayにはちょっと及びません。

ただしPayPay経済圏は証券がネックなので、NISAや株の売買を併用するなら楽天経済圏に軍配があがるかな〜という感じです。

もちろん「買い物はAmazon一択で楽天でもYahoo!でも買い物はしない!」という人がこれらの経済圏に入る必要は皆無ですので、そういう人は素直にAmazonカードを作ってAmazonで買い物をしましょう!

HACK
キャッシュレス生活

そして「現金払い」を一切やめましょう。何故なら現金だとポイントの還元が無いからです。仮に貴方の世帯年収が700万円だとして、そのうち600万円の支出があるとします。その600万円の支出を全部還元率1%のクレジットカードで払うと6万円分のポイントが戻ってきます。

PayPayなんかだとわけのわからないキャンペーンをしょっちゅうやっているので平均すると2%くらいの還元率になるんじゃないでしょうか。仮に2%とすると12万ポイントの還元です。このポイント還元は完全にノーリスクなので、「やらないと損」っていうレベル。

税金だって最近はクレジットカードで払える！

つまり、「手持ちの決済手段のうち、なるべく還元率の高いものを選んで払う」という習慣をつけておけば1年もすれば何万円分ものポイントが浮いてくるので絶対にやっておきましょう。

そもそも現金で払わなければ財布を持ち歩かなくて済むので圧倒的に楽です。僕は遠出をしたり、現金しか使えない銭湯に行く時以外はほとんど財布を持ち歩かなくなりました。ですので皆さんも現金をやめてせっせとポイントを貯め、貯まったポイントで便利な家電なんかをゲットするのがグッド。

HACK スマホを格安プランに

以前、こういう記事を見て驚愕しました。

この調査によると、docomoが提供する「ahamo」やauが提供する「povo」など、大手キャリアが提供する格安プランに移行した人はたったの6.3%だそうです。

6.3%!!!!

まじで!!!!

少なすぎません⁉⁉⁉

思わず「そんなバカな!!!!」と新宿駅のど真ん中でゴロゴロ転がりながら叫んでしまいました。

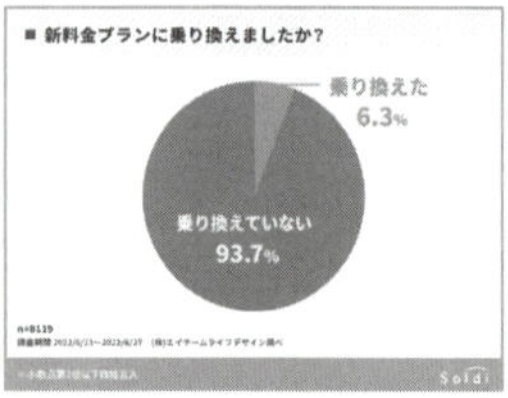

出典: ahamo、povo、LINEMOの乗り換え率は6.3%、乗り換えない理由は？Soldiの調査
https://www.itmedia.co.jp/mobile/articles/2207/27/news178.html

6.3%しか移行していない、という事はつまり、今これを読んでいる方々の大半は移行していない、という事になります。ひょっとして皆さん、庭から石油とかが出るタイプの家に住んでます……？　肉はシャトーブリアンだけ食べて残りは全部捨てる、みたいな……？

いや、それ本当に、心の底から、圧倒的に、めちゃくちゃもったいないです！

何故ならプラン変更なんて1時間くらいの作業で簡単に出来るのに、年間の支出がン万円も変わってくる！！！

前述の通り、子どもが生まれた友達に「とにかくドラム式の洗濯乾燥機を買え！」ってアドバイスすると「あー、高いからな……」みたいに渋ったりするんですよ。

で、聞くじゃないですか。

「ちなみにスマホは格安プランとか格安ＳＩＭに変えてる？」

って。

そしたら「え？　変えていないけど？」みたいなね。

「創業以来変えてません。伝統の味です」みたいな顔して言いやがるわけですよ。

お前と嫁さんが――！　携帯のプラン変更したら――！

2年でモトが取れるわ――――――！！！

いやほんとに！　家電量販店で洗濯機のローン組んでもスマホのプラン変更で出費分が吸収出来ると思う。

例えば、docomoが提供している「5Gギガライト」というプランを利用し、月7ギガのプランを契約したとすると、月額料金は6,765円です。これに対して同じdocomoが提供する「ahamo」だと月に20ギガ使えて月額2,970円！

つまり、月あたり3,795円の差額で年間にすれば45,540円の差額！

※2024年4月1日時点。変動があったらごめんなさい。

でかーい！

これが夫婦ふたり分なら年間9万円ちょっと変わってくるので、2年あれば洗濯機だって買える！

しかも使える容量はahamoのほうが多い上、同じdocomo回線なので通信品質も変わらない！

ちなみにデータ無制限のdocomo「5Gギガ ホプレミア」というプランなら月額7,315円ですが、100ギガまで使える「ahamo大盛り」プランなら4,950円、差額は月に2,365円で年間28,380円！

※しつこいようですが2024年4月1日時点。変動あったらごめんなさい。

もし、月に100ギガを超えて使うようなヘビーユーザーならdocomoのままでも良いんでしょうけど、インターネット中毒であちこち出張行ってテザリングしまくるタイプの僕ですら月に100ギガを超えた事は一度も無いんですよ。

普段、めちゃめちゃインターネットを使うのに家にネット回線を引いてない、みたいな人じゃない限り、100ギガあれば楽勝です。そもそも、普通の人なら20ギガでじゅうぶん！

移行する事のデメリットとして、「docomoの窓口を利用出来なくなる」というものがあるんですが、逆に言えばahamoなら全部インターネットで完結するので、インターネットを日常的に使いこなせている人ならほぼ問題無いわけです。

あとは留守電サービスが使えないとか別料金を払わないとキャリアメールが使えないとか細かい事もあれこれありますが、その辺を一度見比べてみて「問題なさそう」と思ったらサクッと移行したほうがいいです。

これ、別にdocomoだけじゃなくて au に対するpovo、ソフトバンクに対するLINEMOなんかも同じで、普通に使っている人は移行するだけでガクッと安くなるはずなので、少なくとも一度、料金やサービスその他を見比べてプランの見直しをするべきです。LINEMOのミニプランなんて月990円とかですからね。今現在、携帯代を月7,000円払っている人が移行したら差額が年間約72,000円ですよ！　夫婦な

ら15万円弱！

※しつこいようですが略

各社のプランを見比べて納得した上で「docomoのままでいいか」「auのままでいいか」と判断して使うのであれば問題ありませんが、自分が月にどれくらいギガを消費して、いくら払っているのかをよくわかっていないまま使い続けていたり、「変えたほうが安くなるな」と思っているのに放置してそのまま使ってる、みたいなパターンは愚の骨頂です。「めんどくせー！」なんて思わずに粛々と手続きをしましょう。本当に、めっちゃ簡単に出来るので。

HACK

ふるさと納税

そして「ふるさと納税」です！

これも格安SIMやキャッシュレス決済などと同じく、「やっておかないと損なもの」の代表格です！　絶対にやってください！

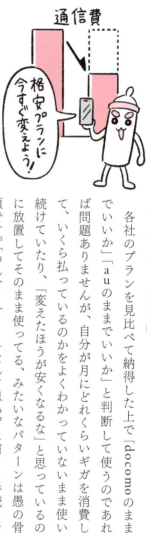

とは言え、今でも利用率が15%くらいらしく、その計算で行くとこれを読んでいる人達もほとんどがまだ利用していないはずで、それってめちゃくちゃもったいないです！「ふるさと納税」の事を調べると、税金の控除だのなんだのでややこしい事が書いてあるのですが、めちゃくちゃ雑に、シンプルに言うと、「**寄付した分だけ税金が安くなるのに、返礼品が貰えるからお得**」という制度です。そして、高収入の人であればあるほどお得になる制度でもあります。

参考までに、年収500万円で奥さんと共働き、中学生以下の子どもがふたりという家庭を想定してシミュレーションすると、年間のふるさと納税の上限金額が6万円ちょっとになります。そうなると2万円の寄付を3回行えるのですが、2万円となるとまあまあ良いお肉のセットなんかが貰えます。仮に、

- **お肉のセット**（2万円）
- **果物のセット**（2万円）
- **地ビールのセット**（2万円）

という具合に、楽天のふるさと納税のサイトなんかで合計6万円分買う（正確に言えば「寄付する」なのですが、ややこしいので「買う」と表現します）とするじゃないですか。そしたら次に取られる税金が**5万8,000円分安くなります。**

「なんで6万円じゃなく5万8,000円になるのか」という事については、寄付金額から2,000円は必ず取られるからです。ふるさと納税を利用すると、寄付金額から2,000円を超えた部分に対し、所得税および住民税が控除されます。

つまり実質2,000円でお肉のセットと果物のセットと地ビールのセットが届くならお得だよね〜〜、っていう。

しかも、楽天のふるさと納税サイトなら、楽天ポイントも同時に貯まるので、スーパーセールだのショップ買いまわりだのイーグルスが勝っただの、なんだかんだが重なって還元率が高い時に買えば、6万円の買い物に対して1万2,000ポイントくらいつく事は全然あり得るので、そうなるとお肉のセットに果物のセットに地ビールのセットに楽天ポイント1万2,000ポイントがついて実質6,000円っていう意味のわからん事になります。

ね？　やっておかないと損でしょ⁇

このふるさと納税、返礼品が行きすぎたり、都市部から税金が流出したりしていて、「制度として色々問題があるんじゃないか」という議論は確かにあるんですが、それでも我々一般庶民からすると「やっておかないと損」という制度ではあるので必ず毎年使っていくようにしておきましょう。

以上、「経済圏」「キャッシュレス決済」「スマホ格安プラン」「ふるさと納税」らへんは全て「やっておかないと損」という性質のものだし、年間にすると万単位でお得な制度でもあります。経済圏に入って年間3万ポイントゲットして、格安プランにして夫婦で年間10万円安くして、キャッシュレス決済にして年間2万ポイントゲットして、ふるさと納税で食費を2万円浮かせて、みたいに細かく計算すると、年間20万円近く変わって来るはずです。

20万円はデカいぞ……!

まあ他にもNISAやiDeCoもやっておいたほうが良いとか色々ありますし、「インフレの時代に貯金してたら価値が目減りするだけ」みたいな話もあるのですが、少なくとも今書いたものくらいはノーリスク、かつ目に見えてお得になるので絶対にやっておいて欲しいです。20万円あれば家族旅行に年2回くらい行けるので。

CHILDCARE
HACKS

CHAPTER 4

便利なTips集

TIPS 01

助けてくれる場所を事前に調べておこう

TIPS 02

休日や夜間〜早朝の救急相談は「#8000」を覚えておこう

TIPS 03

乳幼児を連れて飛行機に乗る時はまずカウンターに行こう

TIPS 04

爪を切る時はワセリンを塗っておくと爪が飛び散らない

TIPS 05

靴底にシールを貼ると右・左がわかりやすくなる

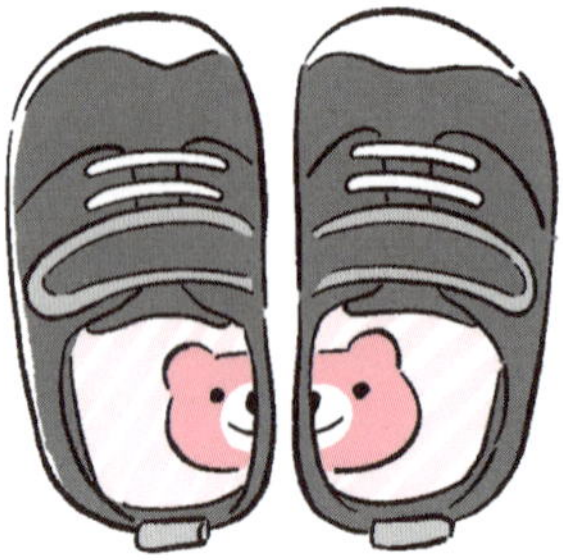

子どもの靴ってパッと見だと右左がわかりづらい

TIPS 06

オムツの袋はこう切ると取り出しやすくなる

オムツは半分に切れ目を入れて割ると

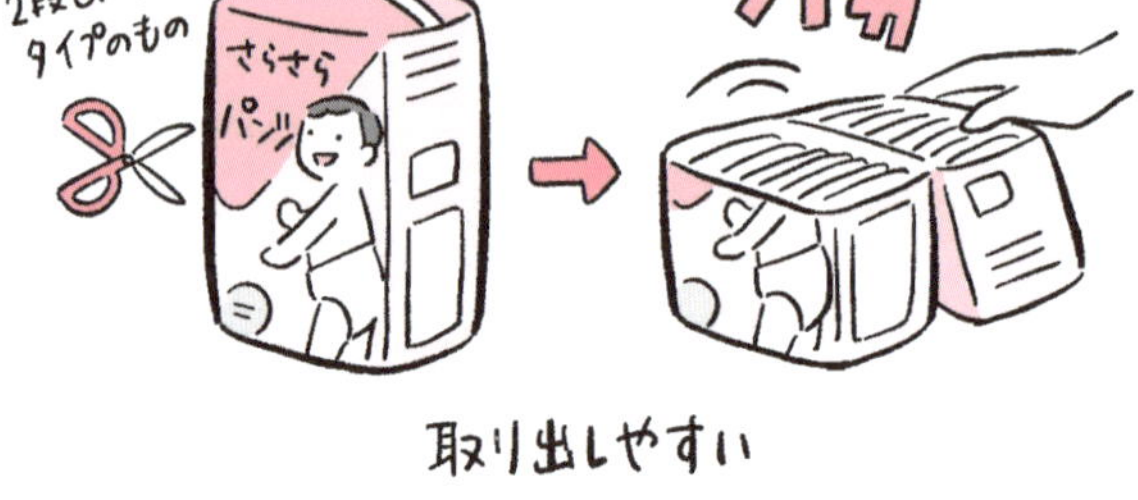

取り出しやすい

TIPS 07

フリーザーバッグが大活躍！

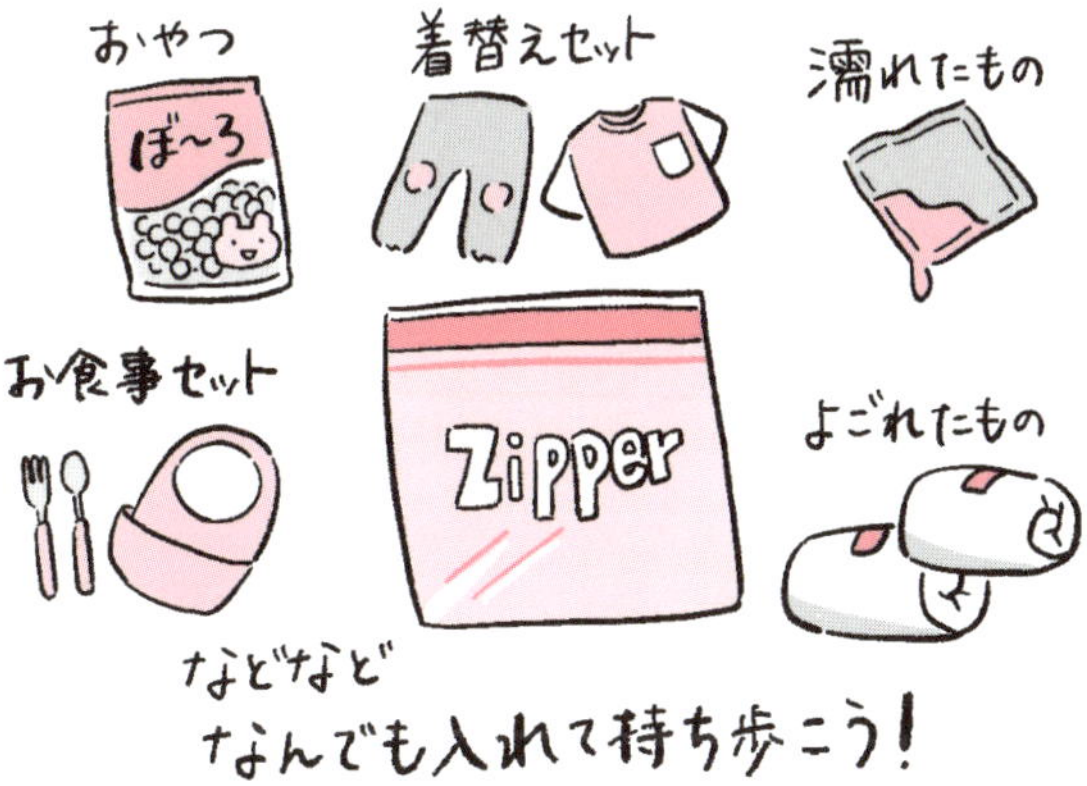

TIPS 08

寝かしつけには天井を活用すると自然に寝転がってくれる

TIPS 09

バランスボールは寝かしつけ時の神アイテム！

TIPS 10

赤ちゃんが泣き止まない時はとにかく散歩

TIPS 11

寝かしつけで暇な時は小さめのワイヤレスイヤホンでAudibleやPodcast

TIPS 12

ウンチを拭く時は専用の泡スプレーを使うとスルッと落ちる

TIPS 13

ロンパースなど洋服のボタンは下から留めると間違えづらい

TIPS 14

動画配信サービス*3は神。幼児向けの番組もたくさん

*3　Amazonプライムやネットflix、U-NEXT、Hulu、Disney＋など。サービスによって見られるコンテンツが異なるので、見たいコンテンツが入っているサービスを探そう！

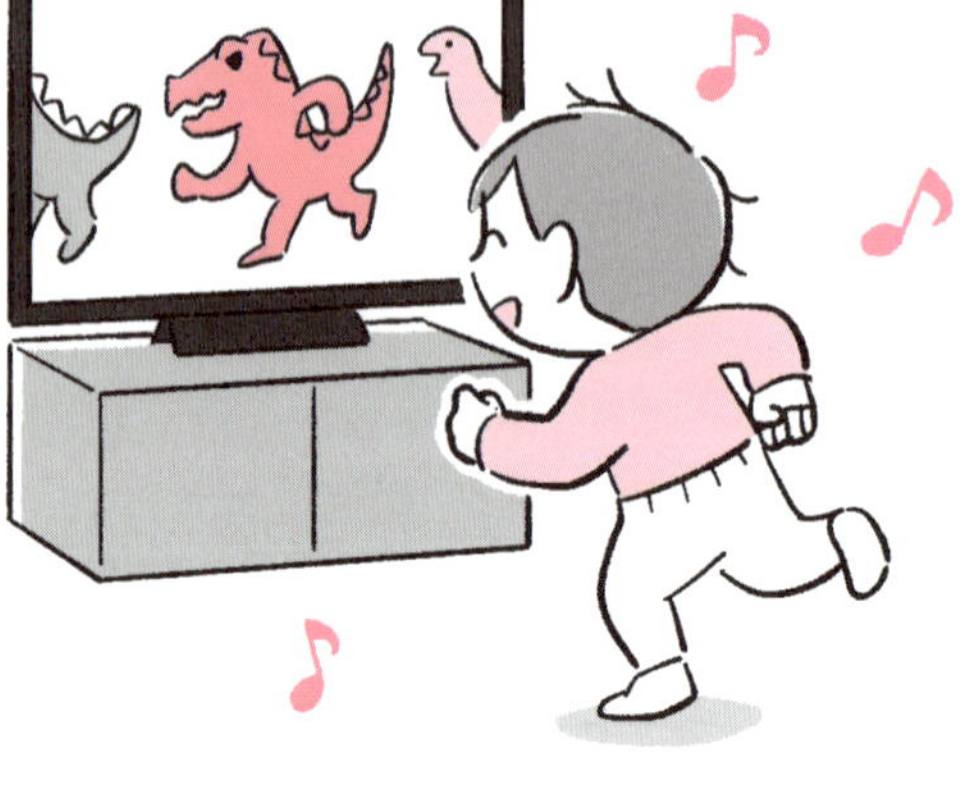

TIPS 15

どうしても泣き止まない時はおんぶして家事

動いていると
安心するのか
寝てくれる事も多い
Z
Z
z

TIPS 16

紙オムツを交換する時、新しいオムツを膝まではかせてから古いオムツを破って引っこ抜くと楽

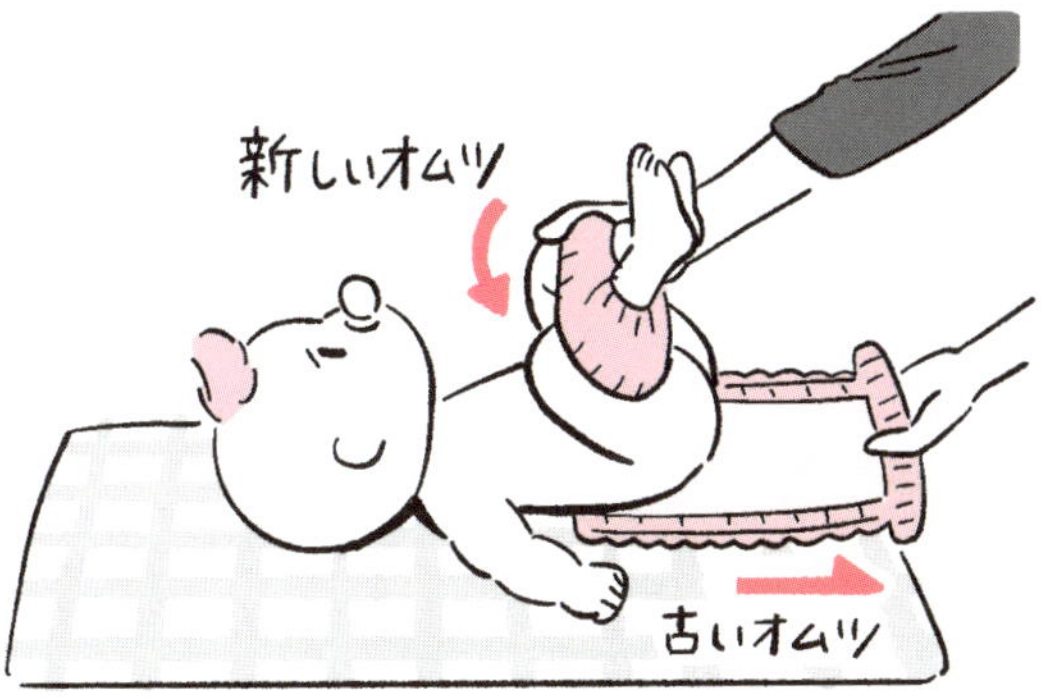
新しいオムツ
古いオムツ

TIPS 17

100円均一のジェルジェム*4は飛行機や新幹線のお供。シールブックも良いよ

*4　窓や鏡に貼ってはがせるウインドウデコレーショングッズ

TIPS 18

「みてね*5」は神

両親・義両親にも簡単に写真を共有できる。いちいち送らなくて済むから楽！
一か月分の写真を動画にしてまとめてくれたりもする

*5　写真や動画を家族に共有できるアプリ

TIPS 19

「ぴよログ[*6]」も神

*6　ミルクやオムツ交換、睡眠などの記録や育児日記を共有できる育児記録アプリ。

TIPS 20

赤ちゃんの靴下の上の部分を外向きに1回折り返しておくと脱げにくくなる

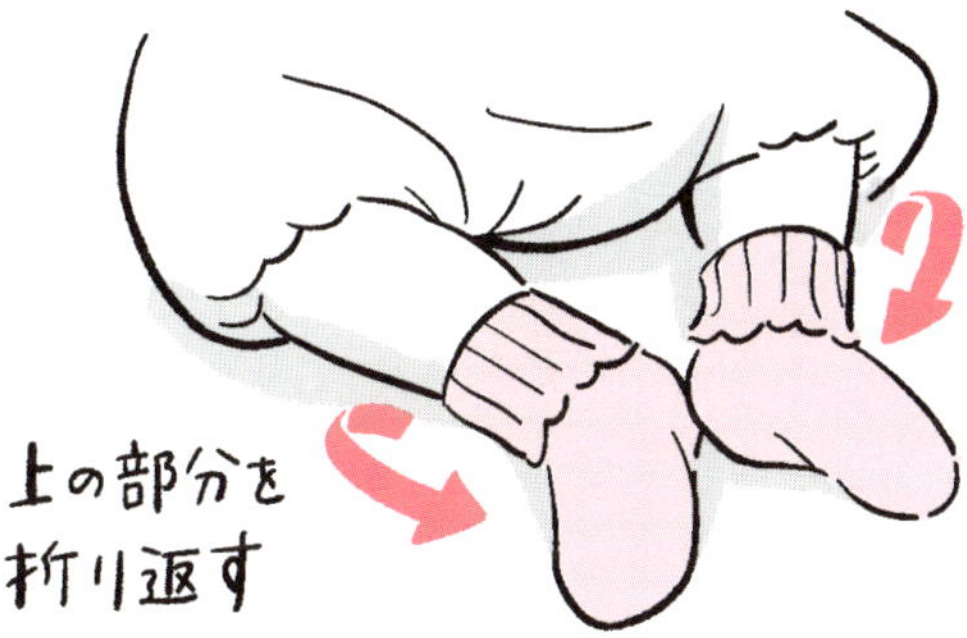

TIPS 21

お尻ふきの取り出し口を縦向きにすると取り出しが楽

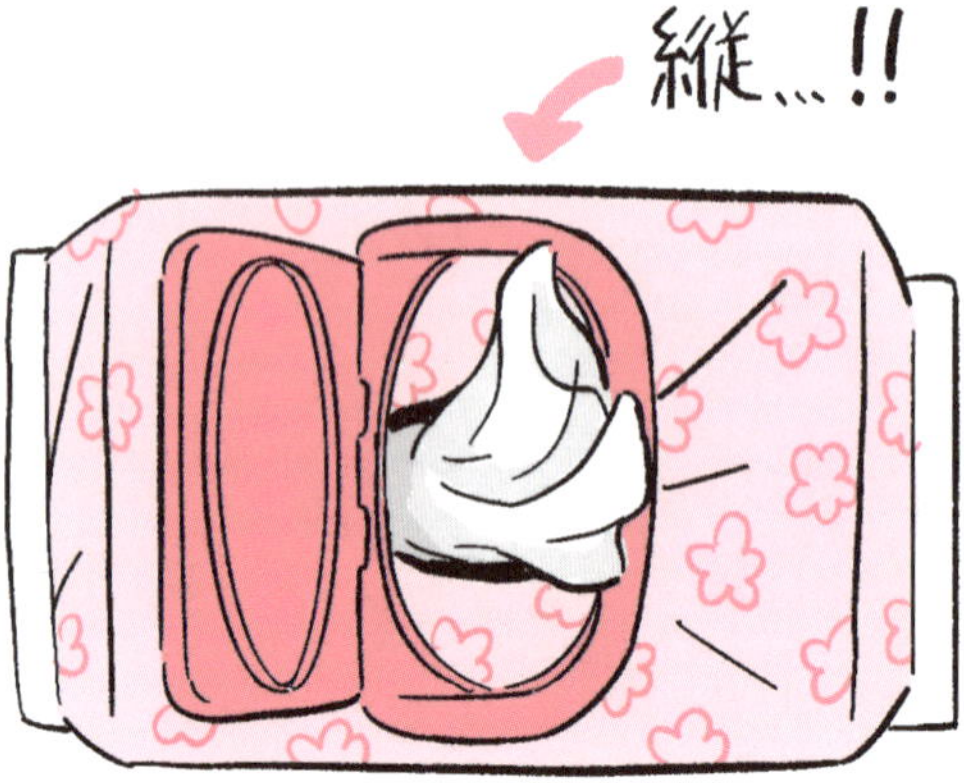

TIPS 22

赤ちゃんは雑音で泣き止む

育児ハック

CHILDCARE
HACKS

子どもが出来てから変わった事

　ここまで育児に絡めて色々書いてきました。家事を効率化しろとか運動して体力つけろとか、**「子どもを持つだけでこんなに色々やらなきゃいけないのか……！」**ってげんなりする人もいるかもしれません。

　でも、子どもを持つ事にはそれだけの価値があります！！！

　参考までにこれ、我が家の玄関に飾ってあるコーラのキャップなのですが、なんでこんなものを飾っていると思います……？

　実はこれ、**息子が人生で初めて、自力でゲットしたアイテム**なんですよ。

お散歩中にキャップを拾った息子

額縁に飾られたコーラのキャップ

要するに「息子が道端で拾ったペットボトルのキャップ」というものでしかないんですけど、自分で歩くようになり、親から与えられたもの以外で、初めて自分の力で家に持って帰ってきたものがペットボトルのキャップなんです。

「これは一生の記念だ！」とか思って食洗機で洗ってからラッピングして飾る事にしたのですが、何が言いたいかと言うとそういうしょうもない事ですら、子どもの事となるとものすごく良い思い出になるぞ、という事です。

「人生で一番の宝物ってなに？」って聞かれたらノータイムで「子ども！」って言いますし、子どもが生まれてからこの方、「本当に良かったな〜」と思う事ばかりです。

もちろん大変な事もありますし、言う事を聞かずにおかずをあちこちに投げてギャン泣きする子どもを見ながら「なんでそんな事を……！」とがっくりくる事だってありますが、それでも子どもと一緒にいる時間は幸せですし、「なんでこんなに素晴らしいものを欲しがらない人が世の中にいるんだ？」と思ったりもします。あんまインターネットでおおっぴらに言うと怒る人も出てきそうですけど……！

そんな風に子どもを育てながら暮らす中で、子どもを通じて「このへんはすごく良い事だな〜」とか、「こういう風に考え方が変わるのか〜」と思った出来事について書いておこうと思います。

新幹線で帰省中の一コマ

死ぬのが怖くなくなった

なんていうか、僕は生まれてこの方、ずっと「死」という概念に対する恐怖が強くて、「自分もいずれ死ぬ」という現実に対する怖さみたいなものをずっと抱えて生きてきた気がします。

だって、怖いじゃないですか。自分がフッといなくなって、それでも普通に世界は動いて、そのうち僕の事なんてみんな忘れてしまう、っていう。それってもう完全なる「無」じゃないですか。それがずっと怖かったんです。

でも、子どもが生まれてからその恐怖が無くなりました。「死」というものを考えた時に、今では「まあでも、息子がいるからな」って思えるのです。僕が死んだとしても、僕が生きた証としての息子がいるならまあいいか、っていう。

もちろん子どもを立派に育てなければいけないので、「いつ死んでも良いや」みたいなものではないのですが、無駄に死についてうだうだ考えてしまって夜中怖くて寝られなくなる、というような事に悩まされなくなったのは本当に良かったなと思います。

時間が経つのが遅くなった

子どもが生まれてから2年半経つのですが、「えっ、まだ2年半⁉」という感じです。年を取るごとに時間が過ぎるのが早くなるのはよくある話だと思うのですが、その早い時間の経過が息子が生まれるのと同時に、またゆっくりになったような感覚です。

人間の脳は同じ事を繰り返しているとだんだん記憶しなくなるそうで、それによって時間が経つのが早く感じるそうなのですが、子どもが生まれた事によって恐らくは毎日新鮮な体験が出来るからこそ時間の経過が遅くなっているんじゃないかなぁと思っています。初めて寝返りしたとか、初めてハイハイしたとか、子どもがいる事によって日常に変化が起きるのです。

あとは息子と散歩しながら、ゆっくりした息子の歩みに合わせて「お花が咲いてるねえ」みたいに、季節の移ろいに目を向けられるのも良いのかもしれません。

親が喜ぶ。ご先祖様もたぶん喜ぶ

「別に親を喜ばせるために子どもを作ったわけじゃないんだけどなー」という意見もあるんでしょうけど、少なくとも僕の親はめちゃくちゃ喜んでおります。「これこそが最大の親孝行かもしれんな」って思うくらい。

僕には兄貴がいるんですが、いまだに結婚していませんし、僕の子もかなり遅めで生まれた（僕が40歳の時の子ども）ので、僕の親は半分くらい孫を見る事を諦めていたかもしれません。

そんなところに、とんでもなく可愛い男の子がズバババンと爆誕したのです。実家なんかに連れて行くと延々遊び相手になってくれますし、僕も妻もどうしても外せない予定があったりする時に、「ちょっと二日間、子どもの面倒見てくれない？」とかお願いすると大喜びで新幹線に乗って東京までやってきます。

そして以前、僕がインターネットに公開した記事がありまして、それが「ヨッピー、長宗我部《ちょうそかべ》元親《もとちか》の末裔説を検証する」みたいなやつです。

長宗我部元親という戦国武将がいるのですが、歴史的な定説ではその息子盛《もり》親《ちか》の代になって大坂夏の陣で負けたせいで一族郎党斬首されて長宗我部家は滅亡した、みたいな事になっているのですが、どうもその、盛親の息子が奈良の吉野に落ち延びて徳川の時代を偽名でやり過ごし、明治になってやっとこさ出自を堂々と言えるようになり、それが僕のひいおじいちゃんだった、みたいないきさつがありましてね。

詳しくは「ヨッピー　長宗我部」とかでググって頂ければ出てくるので、暇な人はぜひ読んで頂ければと思うのですが、その説を調査している最中に思ったのは「血に対する執念がすごいな」というものです。「なんとしてでも子孫を残すぞ！」っていう執念。その執念の積み重ねによってズババンと誕生したのが我々なわけですから、そういう執念に報いるためにも、やっぱり後世に対して遺伝子を紡いでいくのもすごく大切なんじゃないかなぁとヒシヒシと思いました。

この感覚、20代30代とか、若いうちはあんまりピンと来ないのですが、ある程度年を取ってくると急にお墓が気になりはじめたりとか、自分の由来を調べはじめたりとか、そういうのって僕だけじゃなくてけっこうあるあるなんですよね。

ですので今これを読んでいる若い人にはあんまりピンと来ないかもしれませんが、そのうちきっとわかる日が来るんじゃないかと思います。たぶん。

行きたい所＝子どもが喜びそうな所に変化する

これも面白い変化なのですが、「子どもが出来ると自由がなくなる！」みたいに言うじゃないですか。それはまあ、確かにそうなんですよ。

子どもが出来るまではハイペースで飲みに行ってたし、友達と海外旅行に行ったりもしてましたが、流石に小さい子ふたり残して一週間とか旅行に出かけちゃうと妻が大変だし、「とうぶん海外は無理かな……」って若干しょんぼりしてるのは事実なんですが、お休みの日なんかに「群馬にラフティングしに行くぞ！」みたいな欲求より「アンパンマンこどもミュージアムに行くか！」みたいな欲求のほうが強くなるんですよ。

「子どもを喜ばせたい！」「喜んでる子どもを見たい！」みたいな欲求が強くなるので、実はそこまで「自由がない！」という部分についてつらくなかったりするんですよね。

「ゲームしたいのに、子どもを連れて動物園に行かなきゃいけない……」みたいにネガティブなものではなく、「ゲームするより、子どもと動物園に行きたいな」って素直に思えるんです。これはけっこう意外な変化でした。

もちろん「それでも俺はゲームしたいんだよ！」みたいな人も確かにいるかもしれませんが、そこそこ多くの人がこんな風に意識が変わるかと思うので、「自由がなくなる！」みたいな事はそこまで心配しなくて良いような気がします。

とにかく可愛い

そして最後に、子どもはとにかく可愛いです。とんでもない可愛さ。

僕はちょっとした欠陥人間なので、40年近く生きていても「愛」みたいなものがイマイチ理解出来なかったのですが、子どもが出来てからは「ああ、これが愛かぁ」と素直に思えるようになりました。

いちご狩りの様子

泣いてようが怒ってようが喜んでようが、とにかく可愛いんですよ。出張で2、3日家をあけると「子どもに会いたいなあ」と思いますし、帰りの新幹線内で「帰ったらいの一番に抱きしめるぞ」なんて思いながら帰っております。

外から帰ると息子が嬉しそうに「ぱーーぱーー」って言いながら玄関に飛び出してくるのとか、「僕はヤクルトが飲みたい！」って地団太踏んで怒ってる姿を見るのとか最高に可愛い。

そのうち小学校、中学校くらいになると生意気になるだろうし、どんどん可愛さを失っていくのかもしれませんけれども、今のところ、素晴らしい思い出が僕の中に生き続ける限り、どれだけ生意気になったとしても、たぶん一生「可愛いなぁ」って思い続けるんだろうな、と思っています。

おわりに

2022年10月6日深夜の事です。

陣痛がはじまった妻を病院に送ったものの、当時はコロナ禍まっただ中だったので僕は立ち会う事も病院の中に入る事も出来ずにいったん家に帰りました。

そのままＬＩＮＥ通話で妻と「痛い〜」「頑張って〜」「でも麻酔入れたから痛みはマシになるかも」「良かったね〜」みたいな話を続けていたのですが、いっこうにお産は進まず、何時間も経って僕が寝落ちしたくらいのタイミングで突然病院から電話がかかってきたのです。

「緊急手術で帝王切開する事になりました。今すぐ来てください」

手術となるとコロナ禍の制約が外れ、院内に入る事が出来るとのこと。

自転車を飛ばして病院には5分で着いたものの、着いてすぐ泣きじゃくる妻が手術室に運ばれ、僕は待合室みたいな所にひとり残されました。

気が気じゃない1時間ほどの時間を過ごし、手術を終えたお医者さんの説明は「まず、今回手術に至った経緯は〜」みたいな話からはじまり、その説明を受けている間も「手術が上手く行ったのか」「子どもと妻は無事なのか」という結論をなかなか言ってくれなかったので過呼吸になってぶっ倒れるかと思ったのを覚えています。

先生が言うにはお産中に母体の体温があがりはじめ、その影響で胎児が頻脈に。「このままだと胎児が危ない」ということで緊急帝王切開になり、麻酔が効くまでの時間すら惜しくて麻酔がロクに効かないまま腹部を切ったそうで、妻は後日「今までに経験した事がない痛みで泣き叫んだ」と言っていました。麻酔をかけずにお腹を開いたんだから当然です。

そして妻はとんでもない痛みの中手術を受けたとは言え無事、子どもは帝王切開の影響で肺気胸になり、NICU(新生児集中治療室)に入る事になったが命に別条はないとのことでした。

その話を聞いた時に膝から崩れ落ちるくらいに力が抜けたのを覚えています。

「赤ちゃんを見ますか?」と言って頂いたのでNICUにひとりで向かいました。保育器の中でたくさんの管に繋がれた痛々しい姿であったとは言え、自分の子どもと初めて対面した時のあの瞬間は一生忘れないと思います。

「触ってもいいんですか?」と聞いたら看護師さんが「どうぞ」と言うので、恐る恐る右の人差し指を差し出し、彼の肌に触れると共に、手のあたりをなぞったら彼が小さな小さな手で僕の指先をギュッと掴み、うっすらあいた目で

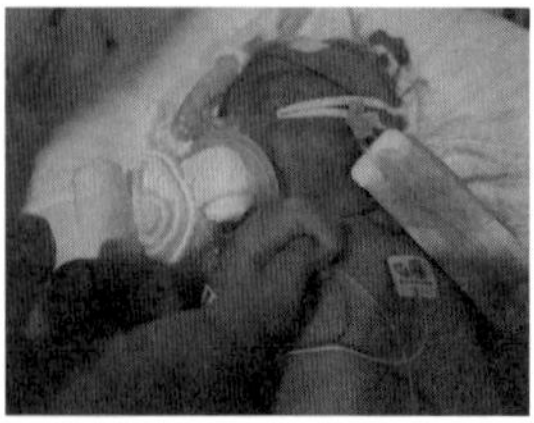
息子が僕の手を掴んだ瞬間

こちらを見ました。

この瞬間から、「子ども」が僕の生活、そして人生の中で大きな部分を占めるようになりました。

何せ「子どもがペットボトルのキャップを拾った」程度の事で額縁に入れて飾るくらいですから、彼の一挙手一投足に一喜一憂する日々のはじまりです。

「笑った！」

「寝返りした！」

「座った！」

「立った！」

「パパって言った！」

なんていう、なんてことの無い出来事ですら、これまでの人生で体験したどのような感動的なシーンよりも色づいていて、「このまま成長しなければいいのに」なんて思う事もあります。

2歳になったくらいから、妻が「子どもが可愛かった瞬間を書き留めておく」というのを趣味にしているので、いくつか紹介したいと思います。

・ティガーのぬいぐるみを指さして、「しっぽ、しっぽ」と言っていたから、「〇〇くんにはしっぽがないね」と言うと、自分のちんちんを掴んで「あった！」と爆笑していた。

・目にみかんの皮をあてて「おめめみかん！」と叫んだ。

・怒ったフリをする時に、「プイッ！」と言ってそっぽを向く。

・「痛いの痛いのとんでけ」をしてあげたら手をパタパタさせて自分が飛んでいった。

・飛行機でCAさんが近くを通った時に、「〇〇ちゃんでしゅ」と妹を紹介していた。

・飛行機の絵の尾翼が赤く塗られていて、そこに絆創膏を貼って「もういたくないよひこうきちゃーん」と言っていた。

・「3歳になったら何するの？」と聞いたら「チョコたべるの！」と嬉しそうにしている。

これだけ可愛かった彼も、そのうち親とのお出かけより、友達との遊びを優先する日が来るでしょう。

親をうっとうしがって家になかなか帰って来なくなる日が来るでしょう。

「学校どう?」と聞いても「普通」って冷たく言われるようになるでしょう。

大学に入るからひとり暮らしがしたい、と言い出すかもしれません。

社会人になったら年に2回の帰省もままならず、たまに送る「元気してるのか?」というLINEすら既読無視されるようになるかもしれません。

きっと寂しいだろうな。でも親子ってそういうものだしな。

彼が使った勉強机とか、なかなか捨てられなかったりするんだろうな。

小さくなったTシャツも、いくつかはとっておきたいな。

そして既読無視された日はきっと、撮りためた小さい頃の写真や動画を見返しながら、お酒をチビチビ飲むんだろうな。

可愛い姿を見せてもらったことで、親孝行はもうじゅうぶんしてもらったし。

元気で楽しく過ごしてるなら、それが何よりの親孝行だし。

子ども達が立派な大人になって、自分の役目はあらかた終えて、「もういつ死んでもいいな」と思いながら過ごす晩年は、きっと悪いものじゃないだろう。

子ども達に振り回される日々が「つらかった思い出」ではなく「楽しかった思

い出」として貴方の中に記憶され、貴方の人生を彩る、大事な大事な宝物になることを願って。

P.S.

Amazonのレビューや SNSでの感想、お待ちしております。

エゴサしまくっているのでお礼のコメントとかつけに行きます。

また、子育てにおいてご協力頂いた妻、お義父さん、お義母さん、ひいおばあちゃん、そして僕の父及び母。

日頃から僕の子どもを可愛がってくれる5歳さん、patoさん、ハルくん、カメントツくん、なっちゃんにえっちゃん。

保育士の先生、英会話の先生、小児科の先生。

子どもの発熱による急なリスケや子連れでの取材を快く受け入れて頂いた取引先の皆さん。

締切を何度も何度も延ばして渋々付き合って頂いた編集担当山崎さん、イラストレーターのかりたさん、デザイナーの小川さん。

ＳＮＳで応援してくれるフォロワーの皆さん。
この本を手に取ってくれた皆さん。
全ての方々のおかげでこの本を出版する事が出来ました。
この場を借りて深くお礼申し上げます。

ヨッピー 拝

✓チェックリスト

- □洗濯乾燥機、買った？
- □洗濯の動線は見直した？
- □シワになりにくい服や乾きやすい服で揃えた？
- □宅食をあれこれ試して導入した？
- □食洗機は導入した？
- □時短家電は揃っている？
- □ネットスーパーをあれこれ試した？
- □家事代行を試してみた？
- □水まわりのコーティング剤は使った？
- □換気扇にホコリ取りフィルターはつけている？
- □断捨離してスペースを確保した？
- □運動習慣はある？
- □質の良い睡眠が取れる環境が出来ている？
- □赤ちゃんをお迎え出来る間取りの家に住んでいる？
- □ストレス解消法は見つけた？
- □育児教室に通った？
- □育児本、3冊くらいは読んだ？

□親戚・友人などいざという時に頼れる人の心当たりはある？
□ファミサポやベビーシッターサービスには登録してある？
□気軽に育児の相談が出来るコミュニティ（SNSでも可）はある？
□最低1か月の育休の申請は出来ている？
□育休にまつわる仕事の仕分けは出来ている？
□育休にまつわる引き継ぎは出来ている？
□育児に関わる業務の動線は改善してある？
□スマートロックやSwich Bot、スマートホームデバイスと
リモコンの連携など、Iotデバイスは活用してる？
□見守りカメラは導入している？
□体動センサーは用意した？
□必要なものをレンタルした？
□保活（下調べや見学、募集要項などの確認）は出来ている？
□キャッシュレス生活に移行してポイント貯めている？
□スマホを格安プランに変えてある？
□どこかの経済圏に入っている？
□ふるさと納税は活用している？

Profile

ヨッピー（よっぴー）

1980年生まれ。ライターとして様々な媒体で記事を執筆している。ライター以外にも、お出かけメディアの編集長や、講演、イベント主催などを行なう。子育てをしている親にゆっくりお風呂に入ってもらいたいという思いから託児銭湯も主催。著書に『明日クビになっても大丈夫！』（幻冬舎）がある。

X（旧Twitter）：@yoppymodel

パパもママも必読！
子育てがラクになるノウハウを集めた
育児ハック

2024年9月30日　初版発行
2025年5月15日　再版発行

著	ヨッピー　©Yoppy 2024
イラスト	かりた
発行者	山下直久
編集長	藤田明子
担　当	山崎悠里
装　丁	Boogie Design
編　集	ホビー書籍編集部
発　行	株式会社KADOKAWA 〒102-8177 東京都千代田区富士見2-13-3 TEL：0570-002-301（ナビダイヤル）
印刷・製本	株式会社DNP出版プロダクツ

Printed in Japan ISBN 978-4-04-738037-0　C0077